Robert A. Bergh

Einführung in die Praxis des TAROT

Robert A. Bergh

Einführung in die Praxis des TAROT

MOEWIG

Originalausgabe

www.moewig.de

Printed in Germany
ISBN 3-8118-1575-X (Set)

Inhalt

Verzeichnis der Karten *Seite*

Große Arkana

Stäbe

Pentakel

Tarot heute

Tarot ist ein altes Spiel, dessen Wurzeln in verschiedene Epochen zurückreichen. Die ersten Tarot-Karten entstanden um 1450 in Mailand, Bologna, Ferrara und anderen italienischen Städten.
Spielkarten gibt es zwar schon Jahrhunderte früher. Aber erst zur Renaissance-Zeit werden Trumpfkarten erfunden. Durch die Verknüpfung vorhandener Spielkarten mit den neuen Trumpfkarten werden die *tarocchi*, die ersten Tarot-Karten geboren. Wenig später, um 1500, bildet sich in Südfrankreich das *Tarot de Marseille* heraus.
Die Inhalte der Karten weisen in verschiedene Abschnitte der abendländischen Kulturgeschichte, die meist wesentlich älter sind als die Karten selber. Motive und Symbole aus der Frühgeschichte, der Antike und dem Mittelalter finden sich in Tarot-Karten vereint.
Die massenhafte Verbreitung der Tarot-Karten ist allerdings ein Phänomen der letzten 20-25 Jahre. Noch nie in der Geschichte haben sich so viele Menschen wie heute die Karten gelegt. Neu ist nicht nur die große Zahl der Tarot-Begeisterten, sondern auch die *selbständige* Beschäftigung mit den Bildern und Symbolen. Die Pioniere für die heutige Beliebtheit der Tarot-Karten waren die Hippies in den 1960er und die Frauenbewegung der 1970er Jahre. Heute ist Tarot ein Teil des Alltagslebens wie zum Beispiel Yoga oder Meditation. In Filmen und Fernsehberichten, in Romanen, bildender Kunst, Tanz-

und Musikstücken, in psychologischen Abhandlungen ebenso wie in der Boulevardpresse ist Tarot heute in vielen Gestalten anzutreffen.
Die Mischung aus Ernst und Spiel, aus Unterhaltung und Selbsterfahrung, aus Kreativität und Wissen und manchem mehr macht das Tarot-Kartenlegen zu einer einmaligen, unvergleichlichen Erfahrung.

Tarot als Spiegel

Millionen von Menschen sind heute mit Tarot vertraut, und gleichzeitig finden sich natürlich Zeitgenossen, die das Wort „Tarot" noch nie gehört haben. Viele vermuten immer noch, Tarot sei gleichbedeutend mit Zukunftsdeutung. Aber noch mehr wissen inzwischen: Da hat sich etwas Neues entwickelt, das nicht mit Wahrsagerei oder Orakeln zu verwechseln ist.
Am einfachsten kann man sich durch einen Vergleich mit der Traumdeutung eine Vorstellung davon machen, was hier geschieht. Sie ziehen Karten und erhalten damit Bilder und Symbole, mit denen Sie sich in ähnlicher Weise beschäftigen können, wie mit den Bildern und Symbolen aus unseren Träumen. Wie die Traumdeutung bietet das Tarot-Kartenlegen eine große Spannbreite – vom Unterhaltungseffekt bis hin zu seriösen psychologischen und spirituellen Erfahrungen. In diesem Buch lernen Sie verschiedenen Anwendungsweisen kennen, mit denen Sie dann selber nach Ihren Ansprüchen und Vorlieben weiterarbeiten können.
Typisch für das heutige Tarot-Kartenlegen ist im übrigen die französische Bezeichnung „Tarot" (im Unterschied zum älteren Tarock). Typisch ist auch das Verständnis der Karten als *Spiegel.* Viele Autoren haben dies im Titel ihrer Bücher zum Ausdruck gebracht: Tarot als „Spiegel

Deiner Möglichkeiten“, „Spiegel des Lebens“, „Spiegel der Seele“ und anderes mehr.
Diese Idee beruht darauf, daß man die Karten als *Bilder* betrachtet. Ein Bild läßt sich nicht allein durch Definitionen ausschöpfen. Die Begegnung mit einem Bild ist jeweils eine persönliche und situationsbezogene Angelegenheit.
Heute geht man beim Tarot-Kartenlegen so vor, daß man die Karten selber zieht und deutet. Man kann nicht *für* andere in den Spiegel schauen, nur *mit* anderen! Im übrigen funktioniert Tarot am besten, wenn man sich selbst einbringt. Auch in diesem Sinne sind die Karten wie ein Spiegel: Man erhält soviel heraus, wie man hineingegeben hat. Und das bedeutet auch, daß Sie das Tempo und die Intensität des Vorgehens mit den Tarot-Karten selbst bestimmen können! Sie haben die Karten in der Hand.

Das Albano-Waite-Tarot

In diesem Buch beschreiben wir das Tarot anhand der Albano-Waite-Ausgabe. Sie ist ein Produkt der Hippie-Zeit, der späten 1960er Jahre, die insgesamt wesentlich dazu beitrug, Tarot in der ganzen Welt populär zu machen. 1968 wurden die Karten von Frankie Albano in Kalifornien erstmals herausgegeben.
Dabei handelt es sich um eine lizensierte Version der Tarot-Karten von Arthur E. Waite und Pamela Colman Smith. Die Karten von Waite und Smith sind so populär, daß für viele Menschen „Tarot“ heute gleichbedeutend mit diesen Karten ist. Sie erschienen zuerst 1910 im Londoner Verlag Rider und sind unter den Namen Waite-Tarot, Rider-Tarot oder Rider-Waite-Tarot bekannt.
Zu ihrer Bekanntheit hat sicherlich entscheidend beigetragen, daß sie durchgängig mit Bildern ausgestattet

sind. Das war vor 1910 alles andere als selbstverständlich.

Aufbau des Tarot-Decks

Wenn Sie sich in der Bilderwelt des Tarot orientieren, werden Sie feststellen, daß es Karten mit und ohne Untertitel gibt und daß fünf Gruppen von Karten existieren. Vier von diesen Gruppen erkennen Sie daran, daß in ihnen jeweils ein Symbol wiederkehrt.
Die Stäbe, Kelche, Schwerter und Pentakel bilden jeweils eine „Farbreihe". Damit ist nicht eine bestimmte Farbigkeit der zugehörigen Bilder gemeint, sondern ein Satz Karten mit demselben Symbol, wie Sie es aus dem Skat-Spiel von Herz, Karo, Pik und Kreuz kennen.
Die vier Farbreihen machen zusammen 56 Karten. Diese 56 Karten werden die *kleinen Arkana* genannt (Arkanum = lateinisch: Geheimnis, Arkana ist die Mehrzahl).

Die 22 „Großen Arkana"

Die fünfte Gruppe, nach den vier Farbreihen, sind die 22 *großen* Arkana, die „großen Geheimnisse" oder die großen Stationen des Tarot. Diese 22 „Großen Karten" erkennen Sie daran, daß nur bei diesen am Kopf eine Zahl *und* am Fuß ein Untertitel angegeben sind. Die *22 Großen Karten* halten aktuelle Botschaften bereit – und stellen zusätzlich individuelle und kollektive *Leitbilder* (Urbilder, Archetypen, „Grundwerte") dar.

Die 56 „Kleinen Arkana"

Für Interpretationen der 56 *Kleinen Karten* stehen uns die klassischen *vier Elemente Feuer, Wasser, Luft und*

Erde zur Verfügung, die im allgemeinen folgendermaßen den vier Farbreihen zugeordnet werden:

Stäbe

Stäbe vertreten das Element Feuer. Sie stehen für Wille, Lebensenergie, Daseinsfreude und Selbstbehauptung, für Kreativität, Schaffenskraft und Wachstum. Die Welt der Stäbe ist die Welt der Entschlüsse und Taten, des Engagement, der Verwirklichung und der Macht. Stäbe handeln von Unternehmungen und Auftritten, von Identität, Selbstvertrauen, Intuition, Begeisterung und Erfolg.
Zu den Stäben und dem Element Feuer gehören die Tierkreiszeichen Widder, Löwe und Schütze.

Kelche

Kelche vertreten das Element Wasser. Die Kelche, auch Pokale genannt, stehen für die Seele, das Innenleben und das Unbewußte. Ihre Welt ist die Welt der Gefühle, Stimmungen und Ahnungen, der inneren Stimme und der spirituellen Erfahrung. Sie handeln von innerer Wahrnehmung und innerem Wissen, von Sinn und Bedeutung, von Freude, Trauer, Leere und Erfüllung.
Zu den Kelchen und dem Element Wasser gehören die Tierkreiszeichen Krebs, Skorpion und Fische.

Schwerter

Schwerter vertreten das Element Luft. Sie stehen für Geist, geistige Energie, für Bewußtheit, Wissen und Intellekt. Die Welt der Schwerter oder Kristalle ist die Welt der Erkenntnisse und Entscheidungen, der Einfälle und Beurteilungen. Schwerter oder Kristalle handeln von Gedanken und Vorstellungen, von der bewußten und aus-

drücklichen Wahrnehmung der Welt und des Selbst, von Originalität, Freiheit, Lernprozessen und Klarheit.
Zu den Schwertern, Kristallen und dem Element Luft gehören die Tierkreiszeichen Waage, Wassermann und Zwillinge.

Pentakel

Pentakel vertreten das Element Erde. Sie stehen für den Körper, für körperliches Erleben, praktische Fähigkeiten und persönliche Talente, für die konkrete materielle Lebensgestaltung und die Einrichtung der Umgebung. Die Welt der Münzen, Scheiben oder Welten ist die Welt der Ergebnisse, Fakten und Produkte, der körperlichen Wahrnehmung und Empfindungen. Sie handeln von Arbeit und Ernte in Natur und Gemeinwesen, von Erdverbundenheit und Sicherheit.
Zu den Pentakeln und dem Element Erde gehören die Tierkreiszeichen Steinbock, Stier und Jungfrau.

Was man vom Tarot wissen sollte

- Alle 78 Karten sind untereinander „gleichberechtigt" und gleichwertig. Es gibt keine grundsätzlich guten oder grundsätzlich schlechten Karten.
- Jede Bildgestalt – ob Mann oder Frau, Kind oder Erwachsene/r, Mensch, Tier, Ding, Form, Farbe u.a.m. – kann Sie und/oder einen bestimmten Teil von Ihnen darstellen.
- Für das heutige Tarot-Kartenlegen ist es typisch, daß der Frager oder die Fragerin die Karten selber mischt, selber auslegt, selber beschreibt und deutet.
- Andere anwesenden Personen bei einer Auslage sind zum Gespräch und zur Begleitung dabei – zur Unter-

stützung und, wenn es sein muß, auch einmal zur Kritik.

- Wenn Sie mit mehreren Personen ein Tarot legen, so kann der oder die Fragende die eigene Frage den anderen mitteilen oder auch für sich behalten.
- Alle Fragen, die Ihnen wichtig erscheinen, die Sie zum Beispiel in Ihr Tagebuch schreiben würden, können Sie mittels der Tarot-Karten klären. Halten Sie sich an das, was Ihnen auf dem Herzen liegt und was Sie bewegt.
- Die Karten wirken wie ein Spiegel: Was Sie in dem Bild erkennen, zeigt Ihnen – auch – Ihre eigenen Gedanken und Emotionen.
- Jede Karte kann außerdem für Menschen, Dinge oder Vorgänge in Ihrer Umgebung stehen.
- Wenn mehrere Gestalten im Bild enthalten sind, können verschiedene Seiten von Ihnen gemeint sein.
- Jede Karte spricht für sich – und bei jeder neuen Betrachtung möglicherweise auf eine neue Art.
- Die Antwort auf Ihre gestellte Frage gibt jedesmal die Auslage insgesamt, nicht eine einzelne Karte aus dieser Auslage.
- Die schematische Gegenüberstellung von aufrechter und umgekehrter Lage der Karten (aufrecht – gute Bedeutung; umgekehrt – schlimme Bedeutung) gilt heute als überholt.

Magische Bilder

Kennen Sie *Vexierbild*-Postkarten? Vexierbilder sind Wackelbilder, Wandelbilder, die je nach Blickrichtung eine andere Optik, ein unterschiedliches Bild darbieten. Auch jede Tarot-Karte läßt sich so betrachten.

Eines der markantesten Beispiele dafür ist das *Doppelgesicht* der kleinen Frau im Bild der „sechs Kelche“ (vgl. S. 93): Die kleine Frau nimmt eine doppelte Haltung ein. Einmal schaut sie weg. Ein andermal sieht sie zu dem Männlein hin. Beide Blickrichtungen sind hier wichtig. Meistens fällt uns jedoch nur *eine* Blickrichtung bei dieser Karte auf, entweder die zugewandte oder die abgewandte.

So geht es in vergleichbarer Form bei jeder Karte darum, zunächst zu *schauen*, was überhaupt zu sehen ist!

Stellen Sie fest, *wie* Sie das Bild betrachten. Je klarer Sie die Wahrnehmung einer Karte von ihrer Beurteilung und Interpretation trennen, um so leichter und spannender wird das Kartenlegen.

Positive und negative Bedeutungen

Jede Karte, ja, jedes einzelne Symbol besitzt heutzutage positive und negative Bedeutungen. Fachleute sagen, daß dies kein Phänomen des Tarot allein ist. Die Vielschichtigkeit der Deutungen ist vielmehr typisch für unser Alltagsleben. Der Spiegel des Tarot gibt diese Erscheinung nur wieder.

In der Praxis heißt dies, daß jede Karte als Ermunterung oder als Warnung verstanden werden kann. Die Karte DER EREMIT kann zum Beispiel vor Isolation warnen oder zu produktivem Alleinsein ermutigen. In vielen Fällen spürt man bei der Kartendeutung, welche Interpretation im Moment die stichhaltigere ist. Wenn man es nicht weiß oder spürt, gelten beide Bedeutungen gleichzeitig. Sie schließen sich auch keineswegs gegenseitig aus.

Machen Sie es wie viele andere Tarot-Interessierte und legen Sie sich so oft wie gewünscht eine *Tageskarte*. Sie werden dadurch besonders leicht die Erfahrung machen, daß dieselbe Karte an verschiedenen Tagen ganz unterschiedlich auf Sie wirken kann. Da wird es unumgänglich, sich ein Stück weit mit sich selber zu beschäftigen und die betreffende Karte genauer zu betrachten, um zu sehen, was an ihr wirklich dran ist – und schon sind Sie geradewegs in jenem faszinierenden Dialog mit den Symbolen des Tarot, der spannender als ein Krimi sein kann.

Persönliche Konsequenzen

Der rote Faden im Umgang mit dem Tarot besteht in der Arbeit mit persönlichen Wünschen und Ängsten.
Sinnvolle Wünsche wollen von sinnlosen unterschieden und dann verwirklicht werden; unberechtigte Ängste wollen von berechtigten Ängsten getrennt und dann beseitigt werden. Solange Sie auf diesem Weg vorangehen, *nützt* Ihnen Ihre Beschäftigung mit Tarot und jeder anderen Art von „Grenzwissenschaft" immer. Und umgekehrt, auch eine reichhaltige Tarot-Praxis oder eine umfangreiche Symbolkenntnis bleibt im persönlichen Sinne wertlos, wenn der rote Faden, die Aufhebung persönlicher Wünsche und Ängste, fehlen sollte.
Spitzen Sie daher das Kartenlegen stets auf persönliche Konsequenzen zu. Stellen Sie immer wieder fest, wo Ihr aktueller Mittelpunkt und Brennpunkt liegt.
Dazu gibt es eine schöne Übung: Suchen Sie (offen, die Bilder unverdeckt) heraus, welches im Moment Ihre *Lieblingskarte* ist.

Legemuster und Praxistips

Zum Tarot-Kartenlegen gehört die Symboldeutung, aber auch der Mut, den Gefühlen und den manchmal unbekannten Wirklichkeiten der eigenen Person ins Auge zu schauen.

Man beginnt am besten mit der „Tageskarte“. Morgens oder abends wird täglich oder doch einigermaßen häufig eine Karte gezogen – als Symbol, als Motivierung oder als besinnlicher Reflex der eigenen Erfahrungen an diesem Tag.

Die Bedeutungen der Tageskarte sollen zunächst individuell und intuitiv erfaßt werden. Später können zusätzliche Interpretationen aus der Tarot-Literatur zu Rate gezogen werden. Zwei (der zahlreichen) Muster für das weitere Tarot-Kartenlegen:

1 – Aktuelle Situation
2 – Vergangenheit oder das, was schon da ist
3 – Zukunft oder das, was neu zu beachten ist

1 – Schlüssel oder Hauptaspekt
2 – Vergangenheit oder das, was schon da ist
3 – Zukunft oder das, was neu zu beachten ist
4 – Wurzel oder Basis
5 – Krone oder Chancen

So funktioniert Tarot

- Benutzen Sie alle 78 Karten eines Tarot-Spiels.
- Überlegen Sie sich Ihre Frage, die Sie an die Tarot-Karten richten möchten. Für die Art der Frage gibt es keine zwingenden Ge- und Verbote.
- Wichtig ist zu wissen: Die Karten wirken wie ein Spiegel. Sie können Fragen über zweite und dritte Personen

stellen. Die Antwort der Karten schließt dabei stets Ihr Verständnis und Ihr Verhältnis zu diesen Personen mit ein. Wenn Sie Fragen über andere Personen stellen, sind dennoch auch Sie selbst mit im Spiel.

- Mischen Sie die Karten, wie Sie es gewohnt sind. Alle verpflichtenden Vorschriften (Kartenziehen mit links; Mischen durch Rühren auf dem Tisch usw.) sind Humbug. Nichts gegen ein persönliches Ritual – aber verpflichtende Vorschriften gibt es keine.
- Legen Sie nach einem Legemuster aus, das Sie zuvor ausgewählt haben. Sie können dazu Legemuster aus der Literatur benutzen, aber auch eigene entwerfen (vor einer Kartenbefragung).
- Ziehen Sie die Karten, wie Sie es gewohnt sind. Legen Sie sie verdeckt in Form des Legemusters vor sich hin.
- Die Karten werden dann (im Normalfall) einzeln aufgedeckt. Erst wenn die Betrachtung und Interpretation einer Karte abgeschlossen ist, sollte die nächste aufgedeckt werden.
- Alles, was während einer Kartenbefragung geschieht, kann zum Inhalt der gesuchten Antwort gehören.
- Die Antwort auf Ihre Frage geben *alle* Karten einer Auslage zusammen.

Die Quersumme oder Quintessenz

In einer Schlußbetrachtung können Sie für jede Auslage die *Quersumme* der ausgelegten Karten berechnen. Dabei werden die Ziffern aller aufgedeckten Karten addiert (Hofkarten, wie Königin, Ritter usw. sowie „Der Narr" zählen 0, Asse zählen 1). Mit der errechneten Summe verfahren Sie so:

Liegt diese Summe bei einer Zahl zwischen 1 und 21, so ist die Große Karte, die die gleiche Zahl trägt, die zugehörige Persönlichkeitskarte. (*Große Karten* erkennt man daran, daß sie oben eine Zahl *und* unten einen Untertitel tragen.) Ist zum Beispiel die Quersumme 19, so ist die entsprechende Persönlichkeitskarte XIX-Die Sonne.

Beträgt die errechnete Summe 22, so gilt die 22. Große Karte – das ist DER NARR – als betreffende Persönlichkeitskarte.

Liegt die Summe jedoch bei 23 oder höher, so müssen Sie daraus die Quersumme ziehen. So ergibt zum Beispiel 36 als Quersumme 3 + 6 = 9; die Große Karte mit der gleichen Ziffer ist nun die zutreffende Persönlichkeitskarte, in diesem Beispiel IX-DER EREMIT.

Die Große Karte, deren Ziffer der errechneten Quersumme entspricht, ist die *Quersummenkarte* oder „Quintessenz".

Die Auslage selber ist und bleibt trotz Quersummenkarte vollständig; durch die Quersummenkarte kommt *nichts Neues* hinzu. Die Quersummenkarte stellt eine mögliche Zusammenfassung der Auslage dar, wie eine Überschrift, manchmal aber auch wie eine Kontrollkarte zur Gegenprobe.

Der Stern

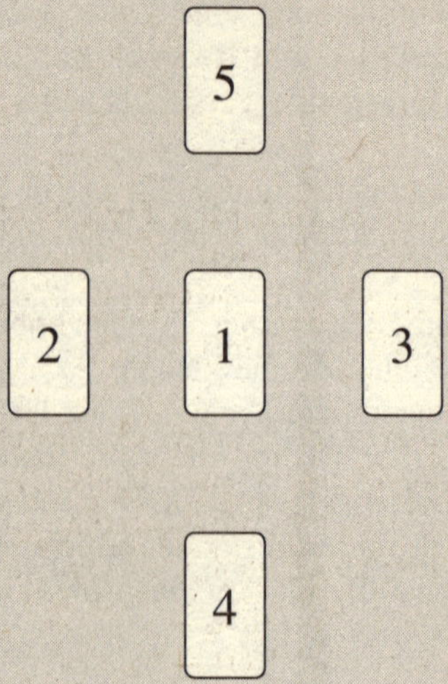

1 – Wo Sie stehen
2 – Ihre Aufgabe
3 – Ihre Schwierigkeiten
4 – Ihre Stärken
5 – Ihr Ziel

oder

1 – Wo Sie stehen
2 – Ihre Aufgaben
3 – Ihre Ängste
4 – Welche Einstellung Ihnen weiterhilft
5 – Das Ergebnis der Bemühungen

Tarot-Magie

1 – Diese Karte wird offen ausgesucht:
Ihre bewußte Einstellung
2 – Diese Karte wird verdeckt gezogen:
Ihre unbewußte Einstellung

Ziel dieser Auslage ist es, die bewußte und die unbewußte Einstellung zu einem Thema zu vergleichen. Werden Sie sich zunächst über Ihre Frage oder die Thematik, über die Sie Aufschluß gewinnen wollen, klar. Merken Sie sich Ihre Frage.
Dann nehmen Sie die Karten so, daß Sie die Bilder anschauen können und blättern die Karten durch. Nehmen Sie die Karte heraus, die Sie gerade am meisten anzieht.
Dann werden die Karten gewendet, die Bilder zeigen nun nach unten. Jetzt mischen Sie die Karten wie gewohnt und ziehen eine heraus.

(nach Mario Montano: Poker mit dem Unbewußten)

„Entscheidung“

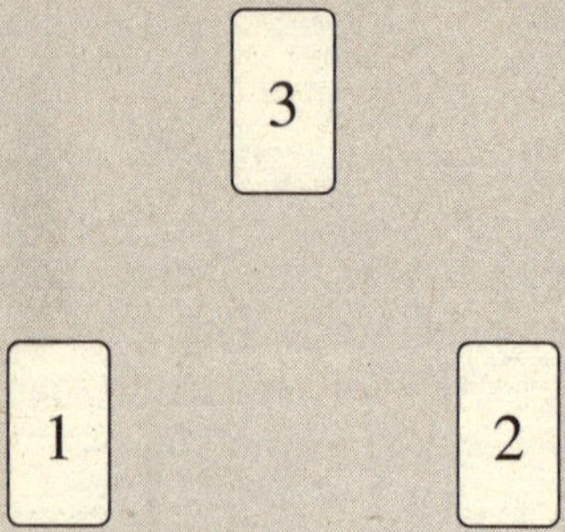

1 – Lage
2 – Aufgabe
3 – Entscheidung

„Kreuz“

1 – Dieser Weg sollte gemieden werden
2 – Dieser Weg ist gut
3 – Darum geht es
4 – Dorthin führt er

„Wünsche und Ängste“

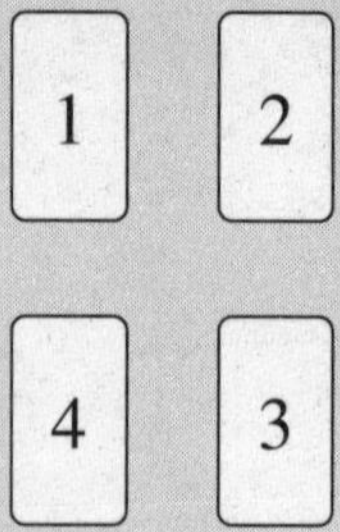

1 – Das bringt Sie weiter
2 – Das wirft Sie zurück
3 – Das führt in die Irre
4 – Das verspricht Glück

„Das Schwert“

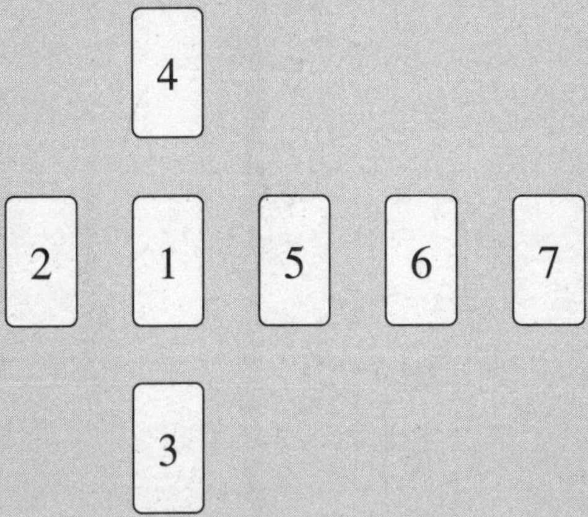

1 – Der Kern der Sache
2 – Ihr Ansatzpunkt
3 – Ihre Basis, Ihre Stütze
4 – Ihre Chance/Was Ihnen zu Hilfe kommt
5 – Ein Problem wird gelöst
6 – Ein Wunsch geht in Erfüllung
7 – Neue Erkenntnis, neues Verständnis

„Gemeinsame Lösung“

1 – „Mein/e Partner/in“
2 – „Ich“
3 – „Darum geht es ihr/ihm“
4 – „Darum geht es mir“
5 – „Gemeinsame Lösung“

„Liebestest“

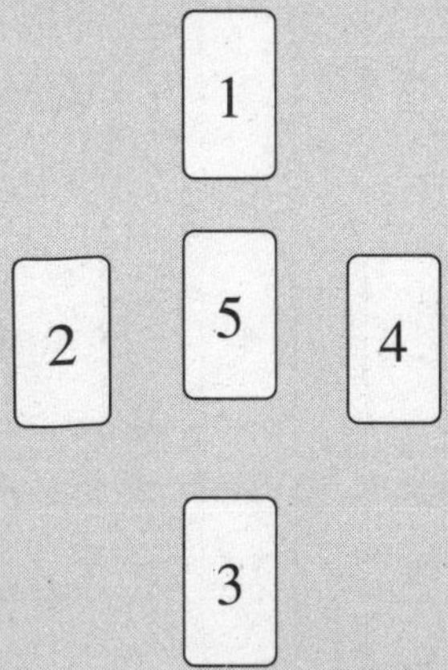

1 – „Was mir meine Beziehungen zur Zeit bedeuten“
2 – „Was mir daran gut gefällt“
3 – „Was mir daran nicht gefällt“
4 – „Was der Liebe neue Kraft (neue Flügel) verleiht“
5 – „Was ich in der Liebe noch nicht kenne und nun erfahren werde“

„Bestandsaufnahme“

1 – Sie selbst. Möglichkeiten und Absichten.
2 – Die finanzielle Situation. Erwerbungen.
3 – Die nähere Umgebung. Die Familienangehörigen. Neuigkeiten.
Kleinere Ortswechsel. Brüder und Schwestern.
4 – Ehe. Familie. Der Vater.
5 – Das Gefühlsleben. Werke und Schöpfungen. Die Kinder.
6 – Arbeit. Gesundheit.
7 – Das äußere Leben des Fragenden.
Verbindungen und Vereinigungen.
Heirat. Der Ehepartner.
8 – Veränderungen. Gewinne. Tiefgreifende Veränderungen.
9 – Das geistige Leben. Reisen. Höhere Studien. Verwaltung.
10 – Die gesellschaftlichen Ambitionen. Das Ideal. Die Mutter.
11 – Beziehungen und Unterstützungen. Pläne. Hoffnungen.
12 – Prüfungen. Kämpfe. Geheime Dinge.

Zum Schluß empfiehlt sich besonders, die Quersumme auszurechnen.

„Tendenzen & Perspektiven“

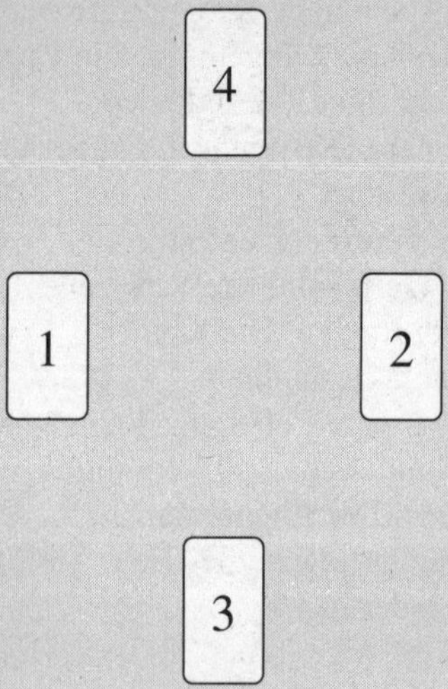

1 und 2 – Hauptaussage
3 – Wurzel oder Basis
4 – Himmel, Chance, Tendenz

Oder

1 – Einerseits/Der Aspekt, den Sie schon kennen
2 – Andererseits/Die Kehrseite
3 – Was geändert werden muß
4 – Urteil, Perspektive

„Wachstumskarten“

1, 2, 3 – Liebe
4, 5, 6 – Kreativität
7, 8, 9 – Berufung

„Mut zur Lücke“

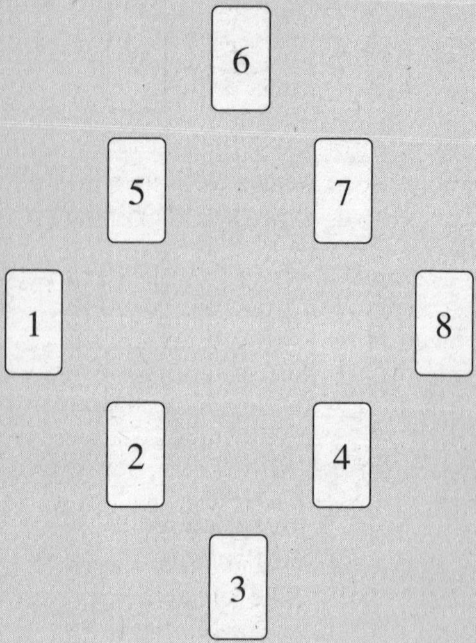

1 – Das ist möglich
2 – Das ist wichtig
3 – Das ist mutig
4 – Das ist nichtig
5 – Das ist nötig
6 – Das ist heiter
7 – Das ist witzig
8 – Das führt weiter

„Der Weg der Wünsche“

Bei dieser Auslage werden die Karten nicht gezogen, sondern ausgesucht. Insgesamt benötigen Sie fünf Karten.
Zuerst eine für das, was ist. Wählen Sie mit Ruhe und Konzentration ein Bild für Ihre momentane Situation. Wenn Sie diese Karte gefunden haben, legen Sie diese vor sich hin. Dann finden Sie eine für das, was sein soll, das heißt, für das, was Sie sich wünschen. Nehmen Sie sich dafür soviel Zeit, wie Sie benötigen.
Wenn dann diese beiden Karten vor Ihnen liegen, schieben Sie diese auseinander, und suchen Sie drei weitere Karten aus, die als Verbindungsstück, als Brücke dienen können, um von dem, was ist, zu dem gewünschten Ziel zu gelangen. Achten Sie bei der Auswahl darauf, daß es eine tragfähige Brücke wird und daß Sie auf der anderen Seite *ankommen.*
Zum Schluß betrachten Sie die Karten durchgängig als *einen* Weg und *eine* Geschichte.

1 – Momentane Situation
2 – Wunschvorstellung
3, 4, 5 – Brücke von 1 nach 2

„Das Kirchhof-Spiel“

Diese Auslage eignet sich, um eine Frage zu beantworten und zugleich zu prüfen.
Zum Vorgehen: Zunächst wird der „Narr“ aus dem Spiel herausgenommen. Mischen Sie die verbleibenden 77 Karten, und wählen Sie (verdeckt) 12 Karten aus, zu denen Sie nun – ebenfalls mit dem Bild nach unten – den „Narr“ hinzufügen. Diese 13 Karten werden erneut gemischt, und in der angegebenen Weise ausgelegt.
Alle 13 Karten zusammen antworten auf die gestellt Frage.
Die Karte „Der Narr“ bezeichnet dabei – gleichsam als „Stunde Null“ – die Wende in einer Entwicklung oder auch eine „Stunde der Wahrheit“.

Auswertung:
(1) Der „Narr“ kennzeichnet die Gegenwart. Sie sehen also einen Entwicklungsverlauf als Antwort auf Ihre Frage. Liegt der „Narr“ am Anfang der Reihe, dann haben Sie das meiste in dieser Angelegenheit noch vor sich; Sie stehen an einem Neuanfang. Erscheint der „Narr“ zum Schluß hin, so besagt dies, daß die betreffende Entwicklung weitgehend hinter Ihnen liegt.
(2) Die Stellung der Karte „Der Narr“ gibt auch die Reichweite Ihrer Frage an: Was *vor* dem „Narr“ erscheint, zeigt die bewußte Einstellung. Alles, was *nach* dem „Narr“ aufgedeckt wird, beschreibt die unbe-

wußte Einstellung und eine bisher unbewußte oder unbekannte Frage, die über die Anfangsfrage hinausgeht.
Erscheint der „Narr“ am Anfang der Reihe, sind die meisten Aspekte der gestellten Frage entweder noch unbekannt oder die Frage selber reicht nicht weit genug. Erscheint der „Narr“ jedoch am Ende der Reihe, gilt, daß die gestellte Frage gut gestellt ist und weit ausgreift.
Resümee: Alle 13 Karten zusammen. Wenn gewünscht, Quersumme.

(nach Bill Butler: The Dictionary of the Tarot)

Lieblingskarte

Diese Karte wird nicht gezogen, sondern ausgesucht. Welche Karte finden Sie – nach dem, was Sie von den Karten wissen, und vom Gefühl her – am besten? Welche Karte ist im Moment Ihr Liebling?
Eine Lieblingskarte herauszusuchen – immer einmal wieder, von Zeit zu Zeit –, macht Spaß. Zunächst hat diese Übung auch einen tieferen Sinn: Man achtet darauf, welche Wünsche und Interessen im jeweiligen Augenblick im Brennpunkt stehen!

Streßkarte

1

Diese Karte stellt Gegensatz und Ergänzung der Lieblingskarte dar. Auch sie wird nicht gezogen, sondern ausgesucht.

Welche Karte erscheint Ihnen – von dem her, was Sie über sie wissen und/oder was Sie bei ihr empfinden – am schlimmsten oder am unangenehmsten? Welche Karte verursacht Ihnen am meisten „Streß“, wenn sie in einer Auslage in positiver oder negativer Deutung erscheint?

„Keltisches Kreuz“

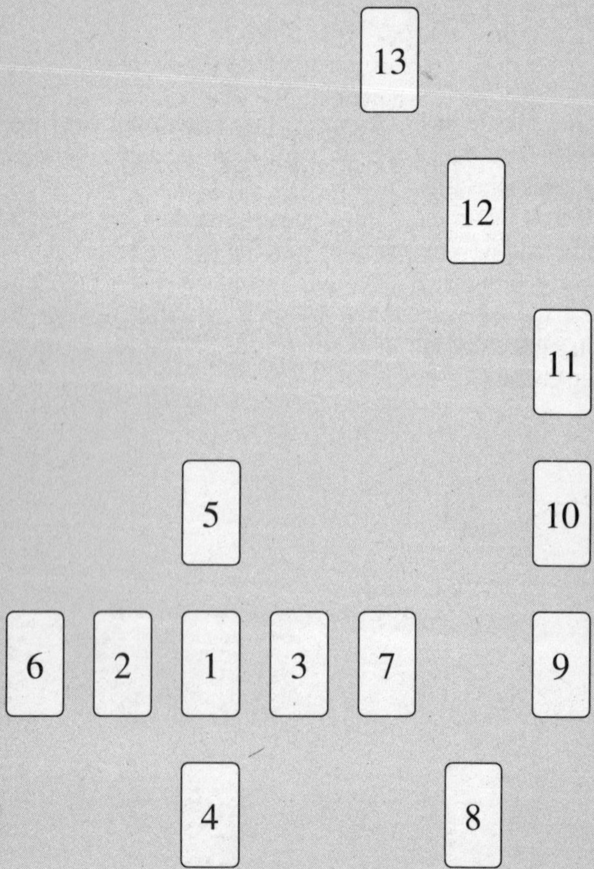

1 – Thema der Frage, Sie selbst
2 – Positive Ergänzung zu 1
3 – Negative Ergänzung zu 1
4 – Wurzel, Basis, Stütze
5 – Krone, Chance, Tendenz
6 – Vergangenheit oder das, was schon da ist
7 – Zukunft oder das, was neu zu beachten ist.
8 – Zusammenfassung der Positionen 1 – 7; Ihre innere Kraft, Ihr Unbewußtes
9 – Hoffnungen und Ängste
10 – Umgebung und Einflüsse von außen; Ihre Rolle nach außen
11, 12, 13 – Resümee oder ein Faktor, auf den Sie besonders aufmerksam gemacht werden, der bereits vorhanden ist und der für Ihre Frage besondere Bedeutung gewinnen wird.

„Keltisches Kreuz“

(Variante)

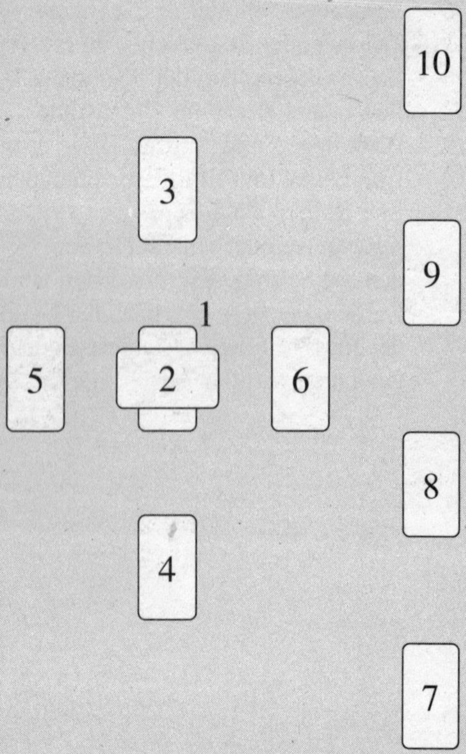

1 – Ausgangspunkt, Thema der Frage
2 – Kreuzkarte, Gegensatz oder Ergänzung zu 1
3 – Chancen, Krönung, bewußte Seite
4 – Wurzel, Basis, unbewußte Seite
5 – Vergangenheit
6 – Zukunft
7 – Ihre innere Kraft, Ihre innere Einstellung
8 – Einflüsse von außen, Ihr Verhalten nach außen
9 – Hoffnungen und Ängste
10 – Ergebnis, Ziel, Aufgabe

Deutung der 78 Karten

DER MAGIER findet seinen Platz zwischen Himmel und Erde. Hier geht es nicht um Allmachtsvorstellungen und Wunschdenken, sondern um das eigene Dasein. Daß Sie auf der Welt sind, macht einen Unterschied. Erfahren Sie ihn, und gestalten Sie ihn. Magie, die „Möglichkeit des Unmöglichen“, besteht darin, mit dem Kosmos, mit Gott und der Welt e*inszusein*. DER MAGIER drückt den Teil der persönlichen Existenz aus, der unteilbar eigen ist. Als Magier/in gelingen Ihnen auf Ihrem Lebenswege Wunder, die für Sie dennoch *natürlich* sind, so wie andere Menschen auf ihrem individuellen Weg Zauberstücke vollbringen, die für Sie immer unerreichbar bleiben werden, weil deren Weg nicht Ihrer ist. Probieren Sie es aus!

Ein Orakel zu befragen, heißt, den persönlichen Weg und den eigenen Sinn zu erfragen. Je individueller wir leben, um so weniger eignen sich dafür Rezepte, die für alle gleich sind. Erforschen Sie Ihren Eigen-Sinn!
Für manche bedeutet DIE HOHEPRIESTERIN, ruhiger zu werden, um die innere Stimme zu hören. Für andere gilt es vielmehr, lauter zu werden und der eigenen Stimme mehr Gehör zu verschaffen. Ihre Schriftrolle (s. Thora, die heilige Schrift) besteht in den gesammelten Erfahrungen – eigenen und fremden. Studieren Sie sie. Filtern Sie, was für Sie schwarz und weiß ist; das heißt, was für Sie stimmt und was nicht. So bleiben Erfahrungen frisch und tragen vielfach Früchte (s. auf dem Vorhang).

Kleiner Halm und großer Baum, Wasserfall, Sternenkrone und Venus-Zeichen – DIE HERRSCHERIN verweist auf unsere Natur: auf die äußere wie die innere Natur. Im Vordergrund steht zunächst das Thema Fraulichkeit und Weiblichkeit. Möglicherweise gibt es Fragen, die Sie mit den Frauen in Ihrem Leben zu klären haben. Verhalten Sie sich so, wie Sie es von Ihrer besten Freundin, Ihrer Traumfrau, Ihrer Wunschtochter, einer guten Mutter usw. erwarten würden. Kümmern Sie sich um die Verwirklichung der Bedürfnisse, die darin zum Ausdruck kommen. Jeder Mensch verkörpert eine bestimmte Wahrheit. Sprechen Sie Ihre Mitmenschen respektvoll an, und Sie werden vieles bewegen und reiche Früchte ernten.

Reichsapfel und Zepter, Felsenwüste, Fruchtbarkeitssymbole (Apfel, Henkelkreuz, Fluß) und Widder-Köpfe – DER HERRSCHER verweist auf Pionierqualitäten: auf die Fähigkeit und die Aufgabe, eine Erstarrung zu überwinden, Neuland zu betreten und urbar zu machen. Im Vordergrund steht (hier, jedoch auch beim TURM) das Thema Männlichkeit. Möglicherweise gibt es Fragen, die Sie mit den Männern in Ihrem Leben klären müssen. Probieren Sie es und lernen Sie es, sich selber der Freund, der Mann, der Sohn, der Vater usw. zu sein, den Sie sich gewünscht hätten oder wünschen würden. Neuland gibt es drinnen (in der eigenen Person) und draußen (in der Welt). Mißtrauen Sie bloßer Routine: Neuland ist überall.

Diese Karte ist als Aufforderung zu verstehen, sich in Glaubensfragen, in spirituellen und Herzensangelegenheiten *selbständig* zu machen. Was einst die Aufgabe der Priester und Hohepriester war, ist heute Thema für uns alle: Wie finden wir persönliche Antworten für die großen und kleinen Geheimnisse des Lebens? Wie organisieren wir Feste, Freudes- oder Trauerfeierlichkeiten für die großen und kleinen Wendepunkte? Es kommt bei Ihren Fragen jetzt darauf an, daß Sie andere in Ihre Geheimnisse einweihen und daß Sie sich von anderen in neue Zusammenhänge einführen lassen. So erwachsen ein Verständnis und ein Glaube, der nicht auf einem Dogma oder blindem Vertrauen beruht, sondern auf Erfahrung.

Die Karte der Liebe und des Paradieses. Fast alle kennen die Geschichte von der Vertreibung aus dem Paradies. Aber daß die Bibel und viele andere heilige Schriften nicht nur von der Vertreibung, sondern auch von der *Rückkehr* ins Paradies sprechen, wissen nicht alle. Klären Sie Ihre Vorstellungen, Ihre Wünsche und Ansprüche, was „Paradies" für Sie bedeutet. Bringen Sie Ihre Lebensziele damit in Verbindung, und entscheiden Sie danach in Ihren aktuellen Fragen. „Ein wunderbares Zusammenleben kann entstehen, wenn die Menschen es erreichen, den Abstand zwischen einander zu lieben, denn nur so können sie einander ganz betrachten und vor dem Hintergrund eines weiten Himmels" (Rainer Maria Rilke).

Der Wagen besteht aus zwei Teilen: dem bewußten Wagenlenker und dem unbewußten Unterbau. Das steinerne Unterteil steht für die Lebensgeschichte und das „Karma“. Der Wagenlenker stellt Wille und Bewußtheit dar. Zusammengenommen ergeben Ober- und Unterteil des Gefährts ein Bild des *Ich*.
Das Wörtchen „ich“ sagt sich leicht; doch seinen *Inhalt* zu verstehen ist viel weniger einfach. So ist dies die Karte der Selbsterfahrung. Sie müssen sich erfahren und Ihre eigenen Erfahrungen machen. Entscheiden Sie sich entsprechend auch in Ihren Tagesfragen.
DER WAGEN bedeutet auch: Sie dürfen und sollen etwas *wagen*.

Der Löwe in uns allen ist unsere Lebendigkeit, unsere Unmittelbarkeit, die Begeisterungsfähigkeit und die Lust. Setzen Sie für Ihre aktuellen Fragen all Ihre Kraft ein, und verlassen Sie sich dabei auf Triebe und Willen (der rote Löwe) ebenso wie auf höhere Einsicht und Weisheit (die weiße Frau). Folgen Sie dem, was Sie innerlich bewegt.

Jetzt kommt es darauf an, daß Sie sich selber auf Ihre Löwenkräfte stützen, wie auch darauf, daß Sie Ihre Mitmenschen nicht nur von der Verstandesseite her ansprechen, sondern als „Löwen", die ein Bedürfnis nach Wildheit und Zärtlichkeit, nach Faszination und Abenteuer und vielem mehr besitzen.

Das Licht leuchtet in der Dunkelheit. Der Eremit ist ein ruheloser Sucher, der nachts nicht schlafen kann, vielleicht auch ein „Nachtwächter“, der den Tag verschläft, oder aber ein wacher, achtsamer Zeitgenosse, wie die klugen Jungfrauen aus dem biblischen Gleichnis, die ihre Lampen bereit halten.
Einsamkeit und Verlassenheit sind hier ebenfalls ein Thema. Es geht darum, daß Sie sich zu sehr oder zu wenig auf sich selbst verlassen!
Der Ausweg heißt: Lösen Sie Ihre anstehenden Probleme! Es gibt etwas zu bereinigen (s. den *weißen Boden*). Tragen Sie Ihr Licht in die Welt, und bringen Sie damit die Welt, soweit Ihr Einfluß reicht, in Ordnung.

RAD des SCHICKSALS

Die vier Engel, lateinische, hebräische und alchemistische Zeichen, die Schlange Seth und der Schakal Anubis verkörpern jeweils zahlreiche Bedeutungen. Insgesamt besagen sie, daß es an der Zeit ist, das Schicksal in einem größeren Zusammenhang zu verstehen.

Allerdings fehlt die menschliche Bildfigur: Eine Warnung, daß Sie sich im Studium diverser Lebensrätsel nicht selbst verlieren sollen. Auf der anderen Seite liegt darin die Ermunterung, über sich hinauszuwachsen.

„Schicksal“ ist ein anderes Wort für die Kräfte des Lebens, die für Ihre Person zwar wichtig sind, sich aber Ihrem unmittelbaren Zugriff entziehen. Es liegt nicht in Ihrer Macht, aber Sie können lernen, damit umzugehen.

GERECHTIGKEIT ist kein abstraktes Prinzip, sondern die praktische Frage danach, wie Sie vielfältigen, vitalen Interessen zur gleichen Zeit Genugtuung verschaffen. Wägen Sie ab und loten Sie aus. Nutzen Sie Ihr Schwert zur Unterscheidung, welche Bedürfnisse befriedigt werden und welche nicht.

Wic gehen Sie mit Ungerechtigkeiten, Fehlern und Schwächen um? Ihre Gegner, ebenso Ihre eigenen Schwächen, zeigen Ihnen auf die eine oder andere Art (direkt, verzerrt oder *umgekehrt*) Ihre eigenen empfindlichen Stellen. Wenn Sie den Mut finden, den damit verbundenen Schmerzen und Ängsten nicht auszuweichen, dann hilft Ihnen dies bei der Verwirklichung Ihrer Ziele.

Auf den ersten Blick sieht die Haltung des „Gehängten“ einigermaßen verrückt aus. Doch nehmen wir dieses Verrücken einmal wörtlich: Es geht um einen Standort- oder Perspektivenwechsel, um eine Glaubens- und Gewissensprüfung. Nicht eine Situation der Passivität oder der Schwäche, vielmehr eine des Glaubens und der Passion ist hier angezeigt: eine Leidensgeschichte oder eine große Leidenschaft. Lassen Sie sich (und andere) nicht hängen. Wenn Sie sich mit ganzer Existenz dem anvertrauen, woran Sie wirklich hängen, erleben Sie das „Höchste der Gefühle“. Und das symbolisiert DER GEHÄNGTE in seiner schönsten Bedeutung. Spielen Sie nicht den Märtyrer. Prüfen Sie genau, woran Sie sich binden.

Die Aufgabe des TODES als Sensenmann ist es zu *ernten*. Den Gedanken der Ernte zeigt die Erntekrone, die der schwarze Reiter in seiner Standarte trägt. Trennen Sie sich von dem, was überholt oder verloren ist. Akzeptieren Sie die notwendige Trauer und alle Gefühle, die damit verbunden sind. Die Farben der Karte machen sehr deutlich, daß auch die „dunklen Stunden" ihr eigenes Licht besitzen. Manchmal bedeutet die Karte auch, daß man sich von Gewalt oder Zerstörung übermächtig fasziniert oder bedroht fühlt. Die Karte beinhaltet *Ihre* Aufgabe und Ihr Recht, notwendige und einschneidende Veränderungen vorzunehmen. Lernen Sie, Ihre Kraft und Ihre Macht nicht gegen andere, sondern *für sich* einzusetzen.

Die „Mäßigkeit" zählte bereits im Altertum neben Gerechtigkeit, Tapferkeit und Klugheit zu den vier Kardinaltugenden. So soll auch hier „Mäßigkeit" nicht als Sparsamkeit oder Mittelmäßigkeit mißverstanden werden. Thema sind vielmehr die Kunst – und ein persönliches Maß der Dinge: Sie studieren die Dinge in ihrer Verhältnis-Mäßigkeit und gestalten Sie nach geeigneter Zweck-Mäßigkeit.
Entscheidend ist es, Widersprüche aufzugreifen und zu bearbeiten. Die Tatsachen sollen weder ignoriert noch verfälscht oder geleugnet werden. *Tat-Sachen* lassen sich durch neue Taten ändern, denn sie sind eine Sache der Tat! Bauen Sie auf Ihre Kreativität.

Eine besondere Herausforderung für die *Liebe:* Bis in die heutige Zeit scheiden sich am „Teufel" die Geister. Viel sinnvoller aber ist es, am „Teufel" genau zu unterscheiden, *was* daran positiv und *was* negativ ist:
DER TEUFEL gleicht auf der einen Seiten einem Vampir, einem Teil der eigenen Natur, der das Leben schwermacht. Das ist ein innerer Quälgeist, eine wirkliche Last und Belästigung. Diese Seite des Teufels fürchten wir zu Recht. Wir sollten sie nur kennenlernen, um sie loszuwerden. Auf der anderen Seite verkörpert DER TEUFEL eine Art Kellerkind, einen Teil der eigenen Natur, den wir ersehnen, der aber noch ungestaltet ist, weil wir ihn bisher nicht akzeptieren oder verwirklichen konnten.

DER TURM

Blitz und Feuerregen symbolisieren unsere höchsten und unmittelbarsten Energien. Gewalt einerseits und Liebe andererseits sind die in sich völlig gegensätzlichen Pole im Umgang mit besonders großen, „extremen“ Energiemengen. Setzen Sie Ihre ganze Energie ein. Stellen Sie sich auf Ereignisse von großer Durchschlagskraft ein. Bleiben Sie standhaft! Liebevolle Leidenschaft fördert Ihr „Doppel-Herz“, Ihre Kraft, diese Energien zu nutzen, und sie schützt Sie am besten gegen unerwünschte und gewaltsame Härten. Die Karte warnt vor Überheblichkeit und Größenwahn. Es kann zu Erschütterungen kommen, doch geben Sie Ihren „Elfenbeinturm“ auf, wenn die Zeit dafür reif ist.

Der Fuß der Sternenfrau, der *auf* dem Wasser ruht, hat zwei höchst gegensätzliche Bedeutungen. Er warnt vor einer Unzugänglichkeit, einer *Vereisung* der Gefühle. Auf der anderen Seite zeigt er die *Tragfähigkeit der Seele*. Das Wasser trägt, wenn Sie sich mit den Gefühlen auseinandergesetzt haben, wenn „es“ in Ihnen fließt. Dann ist dies auch die Karte der Schönheit und der Weisheit. Arbeiten Sie mit Ihren Träumen und Visionen! Hoffnungen und Ängste können aufgehoben werden, wie es die Sternenfrau mit den beiden Krügen sinnbildlich demonstriert. Tauen Sie vereiste Gefühle auf. Schlimme Erfahrungen wollen verarbeitet und erledigt, schöne Hoffnungen zu Ende geträumt und verwirklicht werden.

Auch „große Gefühle“ sind eine Realität. DER MOND ruft verborgene Regungen ans Licht. Der Krebs symbolisiert uralte Gefühle. Die Hund- bzw. Wolf-Gestalten stehen für die Instinkte. Die Türme stellen Wissen und Gewissen dar. Der Himmelspforte (das Tor) ist weit geöffnet. Wie in einer Vollmondnacht kann es beunruhigend und aufwühlend sein, wenn Höhen und Tiefen, die sonst eher im Verborgenen schlummern, lebendig werden. Es kommt darauf an, sich mit diesen größeren Dimensionen auseinanderzusetzen. Wenn Sie es lernen, Ihre gewohnte Selbst-Verständlichkeit um dieses große Unbekannte zu erweitern, wird Ihre Existenz zugleich verwandelt und vergoldet, wie es die Goldtropfen darstellen.

Eine Karte der Geburt und des Anfangs. Zugleich auch eine Station der Reife und Vollendung. Als Erwachsener wieder Kind zu werden, unterscheidet Sie von allen, die *noch nicht* erwachsen oder die *nur* erwachsen sind. Ihren „Platz an der Sonne“ finden Sie im Einklang und durch die Zusammenarbeit mit „Gott“, der Kraft des Kosmos und der Schöpfung. Geben Sie kindische Gewohnheiten auf. Verstehen Sie, was Ihnen lieb und heilig ist – und folgen Sie nichts anderem. Sie besitzen enorme Energiereserven. Vertrauen Sie sich dem Strom und der Kraft der Lebensenergie in Ihnen und um Sie herum an. Stellen Sie sich jetzt darauf ein, daß Sie besonders starke Kräfte brauchen, aber auch vorfinden werden.

Lassen Sie sich nicht überwältigen. Alles kommt zum Vorschein. Greifen Sie es auf, kommen Sie auf den Punkt. Der „Jüngste Tag" ist heute. Die Karte der Transformation und Auferstehung. Wenn Sie einen Strich unter Vergangenes ziehen können, fühlen Sie sich wie neugeboren. So können Sie immer wieder zu einem neuen Leben *in* diesem Leben auferstehen. Die Karte kann Sie auffordern, sich mit Menschen und Ereignissen auseinanderzusetzen, die scheinbar schon „gestorben" waren. Was irgendwann in eine dunkle Kiste weggepackt worden war, kommt wieder zu Gesicht und zeigt sich vielleicht in einem neuen Licht. Sie können und müssen den Teil der Auseinandersetzung, der noch aussteht, nachholen.

Die WELT-Tänzerin besitzt zwei Zauberstäbe. Das bedeutet: In der Mitte eines Menschen fließt alles zusammen, alle Widersprüche, die Kräfte aus allen Ecken und Enden der Welt, und *aus der Mitte entspringt ein Fluß!* Bilden Sie Ihre eigene Mitte, Ihr Bewußtsein aus. Der Kranz stellt die Bedingungen, die Grenzen Ihres Lebens (Zeit und Ort) dar. In sich aber ist dieser Rahmen ganz offen, und es liegt an Ihnen, diesen Spielraum zu nutzen und an allen Aspekten der Welt Anteil zu nehmen. Die richtigen Lebensaufgaben zu finden ist ein großes Glück. Im Bewußtsein zu leben, daß alles seine Zeit, seine Grenzen und sein Maß besitzt, erlaubt Ihnen, die Zeichen der Zeit für sich zu erkennen und selber Zeichen zu setzen!

Diese Karte markiert einen *Nullpunkt*. Einen Punkt des Anfangs und/oder einen Punkt der Vollendung.

DER NARR lebt nahe am Himmel. Er überragt die Gipfel. Seine Sonne wie seine Rose sind weiß, das heißt, sein Geist und sein Gemüt sind ahnungslos wie ein unbeschriebenes Blatt oder erlöst und sorgenlos wie eine bereinigte Angelegenheit.

Als Narr ist Ihnen alles gleich („Null"), Sie sind wunschlos glücklich. Das mag verlockend klingen. Aber es ist auch eine Warnung. Nehmen Sie es nicht auf die leichte Schulter, wenn Sie das Gefühl haben, etwas zu versäumen. Erst die Aufhebung der Wünsche und der Ängste macht Sie im guten Sinne wunschlos glücklich.

Sonnenblume und Katzenwesen: Die KÖNIGIN DER STÄBE ist eigenwillig, sie genießt und braucht Sonne, Spiel und Abenteuer. Hören Sie auf, dem Glück nachzujagen, und nehmen Sie die Dinge, wie sie sind, einschließlich Ihrer Vorlieben, Abneigungen und der Pläne, die Sie noch verwirklichen werden.

Der Stab ist ein Phallus-Symbol und auch ein Hexenbesen. Hier zählen Triebe und Taten. Ihre aktuellen Fragen erfordern Leidenschaft und Bewußtsein, in jedem Fall eine besondere Treue zu sich selbst. Lassen Sie die Katze aus dem Sack! Zeigen Sie, was in Ihnen steckt. Starten Sie. Bestimmen Sie Ihre Lebensziele selber und verwirklichen Sie Ihre Lebensfreude!

Vom Salamander (klein im Bild) heißt es, er könne durch das Feuer gehen, ohne darin umzukommen. Der Teil steht für das Ganze: Es geht um die Souveränität im Umgang mit Trieben und Motiven.
Auch Sie können *Feuerproben* aushalten und gestalten. Sie brauchen sie sogar. Denn nur im Feuer können Ballaststoffe verbrennen; die Schlacke setzt sich ab, und das Edle tritt hervor. Ihre Energien verschmelzen zu einem Ganzen. Erst wenn Sie Feuerproben grundsätzlich bejahen, vermögen Sie sich vor ungesundem Streß effektiv zu schützen. Nehmen Sie also die Herausforderungen und die Notwendigkeiten, die vor Ihnen liegen, an. Gehen Sie für das, was Ihnen am Herzen liegt, durchs Feuer.

Sie haben die Kraft, für Ihre Ziele durchs Feuer zu gehen und auch eine Durststrecke zu überwinden. Verlieren Sie sich nicht in Wüstheit, spielen Sie nicht den Wüstling! Vielmehr geht es darum, daß Sie Ihre großen Träume und Ihre großen Ziele jetzt auf den Weg bringen.
Sie verfügen über enorme Kräfte und weitreichende Ziele. Machen Sie etwas daraus! Gestalten Sie Ihre aktuellen Interessen und Aufgaben, schließlich jedoch auch Ihren gesamten Lebensweg, zu einem großen Kunstwerk. Dann wird Sie Ihr Feuer nicht nur antreiben, sondern auch läutern. Die Pyramiden im Bild symbolisieren, daß Sie, je tiefer Sie nach innen gehen, desto weiter nach außen gehen und über sich hinauswachsen können!

PAGE der STÄBE

Gleichgültig, ob Sie an gezählten Jahren jung oder alt sind, hier erfahren Sie Frühlingsgefühle, neue Angebote, neue Herausforderungen, Chancen, Bewährungsproben und Bestätigungen für Ihren Willen und Ihre Lebendigkeit. Lassen Sie sich auf das Spiel ein. Lassen Sie sich berühren von neuen Menschen, neuen Ideen und neuen Wegen im Alltag. Was sich jetzt neu entwickelt, dürfen Sie nicht unbedingt an Ihren bisherigen Erfahrungen messen. In mancher Hinsicht geht es jetzt in ein Neuland. Ein spielerischer Ernst hilft Ihnen dabei am meisten. Vermeiden Sie Oberflächlichkeiten und unnötige Dramatisierungen. Haben Sie ein waches Auge für Ihre Ziele und die Gunst der Stunde – und greifen Sie zu.

Nehmen Sie es als ein Geschenk des Lebens, daß Ihnen Feuer und Lebendigkeit neu geschenkt werden.

Als Phallus-Symbol sowie als Hexenbesen steht der Stab für die Sexualität, für die Selbstbehauptung, den Willen und Wachstumskraft.

Zu den Trieben gehören „Grundtriebe" wie Selbsterhaltung, Sexualität und Fortpflanzung, aber auch „Kulturtriebe", besonders Liebe und Aggression. Wenn Sie den Stab nun neu in die Hand nehmen, so ist damit die Chance verbunden, für Liebe und (positive) Aggressionen neue schöpferische Möglichkeiten zu entdecken und sich gegen Übergriffe und Zumutungen besser zu schützen.

Die Weltkugel in der Hand der Bildfigur besagt: Sie haben Macht und Power. Bringen Sie Ihren Ball ins Spiel! Machen Sie sich ein (Welt-)Bild, arbeiten Sie Ihren eigenen Entwurf aus. Sie können nicht alles gleichzeitig bewegen – ein Stab wird ergriffen, der andere bleibt unberührt. Aber sinnvoll zusammengefügt, ergeben viele kleine Schritte auf Dauer eine runde Sache. Üben Sie sich in der Kunst des Anfangs – der Kunst, mit vielen Menschen und Energien etwas *anfangen* zu können. Nur wer auch Anfänger/in sein kann, lernt sein Metier zu beherrschen. Dabei zählen Vertrauen in die eigene Kraft, Entschlossenheit und Beherrschtheit. Jetzt ist es Zeit für eine neue Qualität Ihres Einsatzes.

Ein Bild mit Doppeldeutung: Der Blick der Bildfigur richtet sich nach vorne, und gleichzeitig bietet sie dem Betrachter oder der Betrachterin ihre Rückseite dar. Der Rücken ist ein Symbol der Kehr- und der Schattenseiten. Gut, wenn diese „berücksichtigt" werden. Mit Begeisterung können Sie jetzt neue Projekte in Angriff nehmen. Sie entdecken weitere Perspektiven, weitere Ziele und weitere Antriebe. Beginnen Sie, auch wenn andere noch nicht anfangen. Suchen Sie *Besonnenheit*, auch und gerade wenn Sie sich mit Entschlossenheit engagieren. Bewußtheit in und bei Ihren Aktionen ist der springende Punkt. Lassen Sie sich nicht verheizen. Es gibt bessere Lösungen, die „Power auf Dauer" fordern und fördern.

Sie leben auf einem hohen Energiepegel. Solange dabei nur *ein Teil* der existierenden Triebe und Interessen Blüten trägt (die Girlande verbindet möglicherweise nur *zwei* der vier Stäbe), besteht die Gefahr, zu kurz zu kommen, sich oder andere kleinzumachen. Nur bei dieser Karte sind die Bildfiguren so klein gezeichnet.
Im positiven Sinne wird damit auf die besondere Höhe der Stäbe verwiesen. Einen „Kraftort“ finden Sie nicht nur an Naturschauplätzen oder magischen Stätten, sondern überall, wo sich optimal entfalten kann, was für Sie zu einem blühenden Leben dazugehört. Hier geht es um ein „Kribbeln im Bauch“, um ein Kribbeln, das Sie ganz durchströmt, ja, das weit größer ist als Sie selber.

Spiel, Streit, Wettbewerb verschiedener Energien, von halbwüchsigen, neuwachsenden Interessen und Absichten, auch innerhalb der eigenen Person. Nur wenn „viele Flammen" brennen, bildet sich der persönliche Wille immer wieder neu und bleibt lebendig. Was Sie und was andere wirklich wollen, steht nicht einfach fest, sondern ist permanent in Bewegung. Daher ist es von großem Vorteil, wenn die unterschiedlichen Triebe und Energien, die in Ihnen bzw. in einer Situation vorhanden sind, miteinander ringen und immer wieder darum wetteifern, wo es im gegebenen Augenblick langgehen soll. Beteiligen Sie sich, lassen Sie sich auf das „Spiel der Kräfte" ein und finden Sie wieder neu zur eigenen Mitte.

Die Kunst, „gut drauf“ zu sein. Hier stellt sich die Aufgabe, Stärken und Schwächen, unterschiedliche Bestrebungen miteinander zu verbinden, ohne sich zu verzetteln. Vertreten Sie, was Sie innerlich bewegt, und setzen Sie sich ganz dafür ein. Schützen Sie sich vor einem falschen Heldentum, das von Schwächen nichts wissen möchte. Genauso vor einer falschen Schüchternheit oder ohnmächtigen Bescheidenheit, die von den eigenen Stärken nichts erwartet.

Besonders wichtig ist es jetzt, daß Sie sich über Ihre persönlichen Wünsche und Ängste klar werden. Übernehmen Sie Verantwortung für Ihr Wohlergehen und das Ihrer Mitmenschen!

Sie leben in besonderer Anspannung. Doch Sie brauchen sich nicht zu fürchten, wenn Sie alle Bewegungen im Blick behalten. Überwinden Sie Mutlosigkeit und blinden Eifer, verlassen Sie sich weder auf übertriebene noch auf halbherzige Bemühungen. Erfolg ist jetzt eine Frage eines *anderen Stils* in Ihren Bemühungen.
Aktionismus und Ehrgeiz schaden dabei nur. Sie erreichen mehr, wenn Sie weniger *wollen*. So, wie wir Computersprachen oder Haushaltspläne als Erwachsene mit einer Selbstverständlichkeit beherrschen, die uns als Kind unvorstellbar gewesen wäre, genauso erreichen wir eine *Souveränität* im Umgang mit vielen und starken Energien. Wir müssen nur, auch hier, dazulernen.

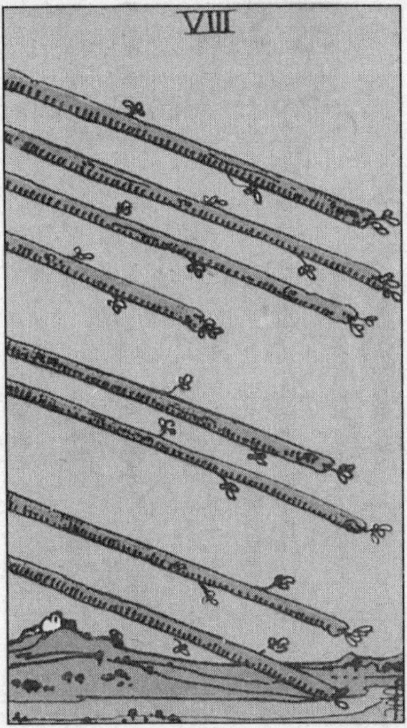

Stäbe vertreten das Element Feuer; hier liegt viel Feuer in der Luft: heiße Luft, viel Rauch um nichts – oder die Kraft der Begeisterung, des bewegten Geistes.
Die acht Stäbe stellen auch Pfeile, Raketen, außerdem einen Zaun oder eine Leiter dar. Wo sind Sie im Bild? Geben Sie sich in Ihre Aktionen ganz hinein, aber verlieren Sie sich nicht selbst dabei. Beenden Sie einen hitzigen Taumel, aber auch einen unproduktiven Schwebezustand. Bekennen Sie Farbe und verwirklichen Sie den Zauber, der in Ihnen steckt! Sie können vielfältige Unterstützung gewinnen. Wenn Sie berücksichtigen, was Sie und andere Beteiligte wirklich wollen, können Sie sich ohne Schaden von Hindernissen und Hemmungen befreien.

Das Bild zeigt einen „Krieger“ auf seinem Pfad. Die Kopfbinde warnt vor einem schiefsitzenden Bewußtsein oder einem einseitigen Blick. Sie ist aber auch Zeichen des Gerüstetseins und der *allseitigen* Aufmerksamkeit. Neun Stäbe stellen eine Fülle von Trieben, Taten und Erlebnissen dar. Der große Teil der Stäbe befindet sich allerdings im Rücken der Bildfigur. Möglicherweise sind ihr also ihre wahren Absichten verborgen. Denn der Rücken ist der Ort des Schattens und des Unbewußten. Achtsamkeit und Intuition sind das Gebot der Stunde. Beachten Sie, *was* alles in Wachstum und Entwicklung begriffen ist! Global denken, lokal handeln! Steigern Sie Ihre Aufmerksamkeit und Ihre Wahrnehmung.

Die Haltung der Bildfigur kann auf der einen Seite Überlastung ausdrücken. Sie sehen den Wald vor lauter Bäumen nicht. Dann hilft nichts anderes, als allen Ballast abzuwerfen und von Grund auf neuen Kontakt zum eigenen Feuer aufzunehmen.
Geeignete Wünsche und Absichten jedoch, die Sie mit konsequentem Nachdruck und hundertprozentigem Einsatz vorantragen, finden eine erfolgreiche Bestätigung.
Nehmen Sie aktuelle Aufgaben und Belastungsproben als Prüfstein. Setzen Sie sich hundertprozentig für Ihre Sache ein. So werden Sie feststellen, welche Ziele für Sie wirklich reif sind und welche nicht. Verstehen Sie neu, welche Lebensaufgaben sich Ihnen stellen.

Keine andere Symbolfigur des Tarot verkörpert so sehr die Kostbarkeit und die Ganzheit der Gefühle wie diese Gestalt. Typisch für diese KÖNIGIN ist die Verbindung von Verschlossenheit und Abgeschlossenheit auf der einen Seite und von ebenso vollständiger Offenheit auf der anderen Seite: Im Bild zu erkennen an dem geschlossenen Kelch sowie an der muschelförmigen Trichteröffnung. Seelische Eigenständigkeit und persönliche Ganzheit werden damit angesprochen. Wenn man nicht einem „Image", einem äußeren Bild von sich selber nachlaufen will, um dadurch eine „Persönlichkeit" zu kreieren – so ist dies die Alternative: das Verständnis für die Besonderheit der Seele eines jeden Individuums.

KÖNIG der KELCHE

Der Thron ist ganz dem Wasser anvertraut. Man braucht Auftrieb und einen guten Schwerpunkt (wie das Segelschiff im Hintergrund), um sich in dieser Lage gut einzurichten und wohlzufühlen. Mit der Plattform, die den Thron trägt, hat es folgende Bewandtnis: Leidenschaftliches Verlangen *verdichtet* die Gefühle und macht sie zur Grundlage des Verhaltens. Ihre Wünsche und Ihr Verlangen sind jetzt der entscheidende Faktor. Der Fisch (am Hals des KÖNIGS) und die Wasserschlange (im Hintergrund) verweisen auf Instinkte und Bedürfnisse, auf Verlockungen und Verführungen. Gehen Sie den Gefühlen (aller Beteiligten) auf den Grund. Haben Sie den Mut, Ihr wahres Verlangen zu ermitteln und zu leben.

Der Kelch ist voll: Sie tragen Ihre Gefühle in die Welt. Der Kelch ist leer: Sie suchen neue (Er-)Füllung.
So oder so sind Ihre Gefühle für Sie sehr wichtig; so bestimmend, daß Sie lernen können und vielleicht auch müssen, wie ein Fisch inmitten des Wassers zu schwimmen. Dies stellt eine andere Art der Betroffenheit dar: Nicht die Beobachterperspektive, wo Sie vom Ufer aus auf den Fluß der Dinge und den Strom der Zeit schauen, ist angesagt. Nein, hier sind Sie *mittendrin*. Lernen Sie zu tauchen und sich freizuschwimmen. Prüfen Sie, woran Sie glauben und wem Sie vertrauen. Nutzen Sie Herz und Verstand, um tiefsitzende und erhebende Gefühle wahrzunehmen – und in die Tat umzusetzen.

Die Karte warnt vor Leichtfertigkeit im Umgang mit dem Seelenleben. Diese drückt sich im Bild darin aus, daß der Fisch, der Inhalt des Seelenlebens, zwar betrachtet, dabei jedoch aus dem Zusammenhang gerissen und isoliert wird, so daß er (der Fisch im Kelch) möglicherweise vertrocknet. Eine effektive Leichtigkeit in seelischen und Herzensangelegenheiten verlangt eine Lösung für wichtige persönliche Wünsche und Ängste. Dazu gehört es, auch verborgene Gefühle und Sehnsüchte zu erfassen und zu begreifen. Ringen Sie um innere Klarheit und Leichtigkeit. Finden Sie das richtige seelische Verständnis. Wenn Sie sich und Ihre Mitmenschen verstehen, heilen Sie alte Wunden und lernen wirkliche Wunder kennen.

Ein Geschenk des Lebens, daß Sie Ihren Kelch neu begreifen können. Hören Sie in sich, was Sie brauchen, um sich „wie neugeboren“ zu fühlen! Lassen Sie „es“ fließen, und unterscheiden Sie zwischen fließenden (flüssigen) und über-flüssigen seelischen Bedürfnissen. Stehen Sie zu Ihrer Betroffenheit. Den Kelch in die Hand zu nehmen, heißt, Gefühle zu begreifen. Mut zum Gefühl ist jetzt angesagt. Manchmal auch zu einem Wechselbad der Gefühle, das Ihnen mit seinen Höhen und Tiefen eine besondere Chance bietet, Gefühle zu verstehen und zur seelischen Ganzheit zu gelangen. Jetzt ist nicht die Stunde großer Versprechungen oder Verheißungen, sondern der persönlichen Aufrichtigkeit.

Man ist wie in Bann geschlagen: Die Gefühle verleihen Flügel. Oder sie klammern in unsichtbarem Zwang. Alles hängt hier davon ab, den *Sinn* von Gefühlen und seelischen Regungen zu verstehen. Sympathie und Antipathie sind die wichtigsten Grundkräfte des Seelenlebens. Genauso, wie Schwerter die Zweischneidigkeit und wie Pentakel die „zwei Seiten der Medaille" symbolisieren, beinhalten die Kelche die Polaritäten im Gefühls- und Seelenleben. Was ist nicht schon alles im Namen der „Liebe" transportiert worden? Lernen Sie, auch in Gefühlsdingen zu unterscheiden, dann vereinen Sie auch die berühmten „zwei Seelen in der Brust". Werden Sie dann auch genauer und freier im Umgang damit.

Diese Karte spiegelt starke seelische Bedürfnisse und die Kunst, Gefühle (mitzu-)teilen und Stimmungen unter einen Hut zu bekommen. Der christliche Grundsatz „liebe deinen Nächsten wie dich selbst“ ist oft belächelt, oft mißverstanden und oft auch für merkwürdige Zwecke mißbraucht worden. Aber für sich genommen, drückt dieser Satz aus, worum es (auch) hier geht. Er stellt eine enorme psychische und persönliche Leistung heraus: Sich selbst und andere im gleicher Weise zu lieben.

Machen Sie die Gültigkeit Ihrer Gefühle nicht von der Zustimmung anderer abhängig. Akzeptieren Sie die Gefühle anderer, auch wenn Sie sich nicht mit diesen identifizieren können. Lassen Sie Ihre Seele wachsen.

Der Baum ist Symbol der Natur, aber auch des Menschen („Mit den Füßen auf der Erde, mit dem Kopf im Himmel"). Wenn die Bildfigur an den Wurzeln des Baumes sitzt, verweilt sie sinnbildlich an ihren eigenen. Es geht um seelische Verarbeitung. Die Begegnung mit der persönlichen Natur weckt Ihren höheren Sinn und schenkt Ihnen eine tiefe Ruhe und Ausgeglichenheit. Der dargereichte Kelch drückt dieses Angebot der Selbst-Findung aus. Einmal kann es darum gehen, die Alltagsroutine zu unterbrechen und bewußt Einkehr und Urlaub einzulegen. Ein andermal bedeutet die Rückkehr zu den eigenen Grundlagen, das Grübeln zu beenden, sich zu erheben und aufzustehen (wie es der Baum ebenfalls illustriert).

„Schwarze Seele“, das sind ungute Gefühle, seelische Bedrohung, burn-out (seelisch ausgebrannt). Oder, in einer ganz anderen Bedeutung, ist es ein kompletter seelischer Neuanfang. Eine Bedeutung dieser Karte ist die „Enttäuschung“, auch im Sinne des „Ende einer Täuschung“. Wenn die Seele *schwarz* sieht, ist dies also ein Alarmzeichen, das dringend praktische Hilfe oder Selbstverteidigung notwendig macht, oder aber das Signal für ein freudiges Ereignis, das man entsprechend begrüßen sollte. Verdrängen Sie keine Gefühle, und lassen Sie auch unbekannte Gefühle zu; dann dämmert Ihnen, was Sie zu tun haben. Das Ende einer Etappe, deren Lektion Sie gelernt haben, setzt enorme Energien frei.

Hier geht es um die Rückbesinnung auf frühe Erfahrungen – auf die eigene Jugend und Kindheit sowie auf die Erfahrungen früherer Generationen. Die Stechapfelblüten bedeuten Gift oder Medizin. Auch die kleine Frau im Bild besitzt ein Doppelgesicht. Und diese Details stehen für das Ganze: Auch die Erinnerungen an die (seelische) Kindheit zeigen uns ein Doppelgesicht von Freude und Trauer, von erfahrener Annahme und Ablehnung. Deren Aufarbeitung befreit uns von den Schatten der Vergangenheit. Und die Aufarbeitung unserer Erwartungen befreit uns von den Schatten, die die Zukunft vorauswirft. So entkommen Sie dem Wiederholungszwang und gewinnen die Freiheit, bewußt und liebevoll zu wählen.

Wunschträume – Illusionen – Visionen? Zu den bemerkenswerten Eigenschaften der Seele zählt es, Schattenseiten anzunehmen, über den eigenen Schatten zu springen und über sich selbst hinauszuwachsen. Probleme entstehen dabei, falls das Bewußtsein zu eng ist und für diesen größeren Reichtum der Seele kein Verständnis aufbringt; oder wenn der Glaube an höhere Gefühle und größere Wahrheiten mit Selbstverleugnung (persönliche Farblosigkeit, Schattenexistenz) verbunden ist. Ein notwendiger und wertvoller Teil Ihrer Gefühle sind Träume und Visionen, die sich nicht unmittelbar begreifen lassen. Lernen Sie, die Dunkelheit zu unterscheiden und sich auch im Zwielicht sicher zu orientieren. Trau, schau, wem.

Betrachten Sie die Stellung der Kelche einmal so, daß diese zusammen die rotgewandete Bildfigur tragen, in sich aufnehmen. Dann geht es hier um Gefühle, die so groß sind, daß wir sie nicht mehr in einzelnen Kelchen in die Hand nehmen (erfassen und begreifen) können: Nicht wir haben die Kelche in der Hand. Eher ist es so, daß sie uns in der Hand haben. Hier kommt es auf die richtige *Einstellung* an. So fordert diese Karte zur Auseinandersetzung mit großen Gefühlen und Glaubensentscheidungen auf. Befreien Sie sich von Hemmungen und inneren Abhängigkeiten, gleich welcher Art. Erneuern Sie Ihre Gefühle und Ihren Glauben, so daß Sie sich in dieser Welt geborgen und getragen fühlen.

Ein großes Glück, wenn „alle Brünnlein fließen". Sie besitzen so viele Kelche, so reichhaltige Gefühle, daß Sie eine große Bandbreite, eine ganze Skala persönlicher Ausdrucksformen besitzen und benötigen. Mannigfaltige Wünsche und Ängste sind in Gestalt der neun Kelche versammelt. Wie bei jeder Kelchkarte, so ist auch hier entscheidend, was in den Kelchen enthalten ist. Wie oft hört oder liest man: „Bau auf dein Gefühl". Aber selbstverständlich gibt es auch ungute Stimmungen, unwahrhaftige Gefühle oder überholte Bedürfnisse und Einstellungen. Legen Sie nicht die Hände in den Schoß. Hier kommt es darauf an, daß Sie die gesamte Klaviatur der Gefühle und Bedürfnisse beherrschen – und genießen.

Der Himmel hängt voller „Geigen“, *wenn* es stimmende und klingende Kelche sind, die im Regenbogen das gesamte Geschehen überragen und umwölben. In diesem Fall ist dies die Karte der Erfüllung (aller wichtigen Wünsche) und der Erlösung (von allen wesentlichen Ängsten). Doch zunächst gilt es zu prüfen: der Himmel voller Kelche bedeutet auch eine emotionale Glasglocke, die bis hin zur hermetischen Abriegelung reichen kann. Eifersucht, Wut, Wunsch- oder Angstdenken und viele andere Gefühle können ein negatives Energiefeld erzeugen, dem möglicherweise nur schwer zu entkommen ist. Schauen Sie sich und Ihrem Partner offen ins Gesicht. Unterscheiden Sie, welche Gefühle für Sie stimmen.

Die linke Gesichtshälfte der Bildfigur liegt im Verborgenen. Die linke Seite ist gleichbedeutend mit der seelisch-intuitiven Seite. Den Schlüssel dazu liefern der Kinderkopf, die Mondsicheln (oder Doppelaxt) und der Schmetterling auf dem Thron. Grau ist alle Theorie. Ermitteln Sie die wirklichen Bedürfnisse und vertreten Sie diese ohne Halbheit und ohne Arroganz. Gehen Sie behutsam mit vorhandenen Ängsten um. Nutzen Sie die Kraft des Schwertes, um sich von inneren und äußeren Abhängigkeiten zu befreien. Richten Sie sich auf. Vertrauen Sie auf Ihre eigene Kraft und Ihr eigenes Urteil. Schärfen Sie Ihren Verstand und machen Sie den Weg frei für die Verwirklichung Ihrer Wünsche und Bedürfnisse.

KÖNIG der SCHWERTER

Das Schwert neigt sich zur Rechten der Bildfigur. Das warnt vor einer einseitigen Vernunft: Die Schmetterlinge und Mondsicheln als Symbole der Phantasie auf dem Thron dürfen nicht übersehen werden. Die Vernunft soll den Ausschlag geben. Ihre geistigen Kapazitäten bewähren und bemessen sich in der Aufhebung von Wünschen und Ängsten, von Problemen und Notwendigkeiten. Sie besitzen und brauchen starke geistige Kräfte sowie die Fähigkeit, sich selbst zu organisieren. In Ihnen stecken große Visionen und Passionen. Kommen Sie mit sich und den anderen Beteiligten ins reine, bis alle wesentlichen Bedürfnisse und Erwartungen *klar* sind.

RITTER der SCHWERTER

Da das Schwert für das Luftelement des Geistes steht, bezieht sich das außerordentliche Tempo von Roß und Reiter vor allem auf die *Geschwindigkeit der Gedanken*. Die höchste bisher bekannte Geschwindigkeit ist die Lichtgeschwindigkeit. Wenn es *im* Menschen eine Entsprechung für diese in der Außenwelt gefundene Größe gibt, dann ist dies die Bewegung der Gedanken.
Steigern Sie die Geschwindigkeit Ihres Denkens! Bringen Sie Licht in Ihr Leben und ziehen Sie klare Konsequenzen. Gehen Sie in Ihren aktuellen Entscheidungen an die Wurzel: Bevorzugen Sie dauerhafte Lösungen! Durchdenken Sie die Lage, interpretieren und deuten Sie Gedanken, so wie andere Träume interpretieren!

Die Vielfalt der Gedanken drückt sich im Bild als Vielzahl der Vögel aus. Was auf der einen Seite von einer Verzettelung und der mangelnden Verarbeitung des Denkens kündet, stellt auf der anderen Seite geistige Beweglichkeit und Offenheit dar. In Ihren aktuellen Fragen besteht jetzt der nächste Schritt darin, neue Erkenntnisse und Entscheidungen aufzustöbern und auszuprobieren. Verfolgen und testen Sie neue Ideen, neue Ansätze oder Konzepte. Halten Sie mit Ihrer Meinung nicht hinter dem Berg. Nehmen Sie das Schwert selbst in die Hand und halten Sie es fest. Geben Sie Ihr Urteilsvermögen nicht an andere ab. Gehen Sie kreativ und aufmerksam mit den Ideen um, die Sie und Ihre Mitmenschen im Kopfe haben.

Das Schwert als Hüter oder als Räuber der Natur: Schon in einem Schwert ist die *Zweischneidigkeit* des Geistes enthalten. Der menschliche Geist stellt auf der einen Seite die Krone der Schöpfung dar, auf der anderen Seite die maximale Entfernung und Entfremdung von der Natur. Für Ihre Fragen bedeutet diese Karte, daß Sie Ihr Bewußtsein schärfen und erheben sollen, um Widersprüche zuzuspitzen und auf einen Nenner zu bringen. Sorgen Sie für die Einheit von Denken und Handeln. Befreien Sie sich von unangebrachten Zweifeln und Zweideutigkeiten. Nehmen Sie das Schwert als Geschenk des Lebens neu in die Hand und begreifen Sie, welcher „Wille“ und „Sinn“ sich im gegebenen Augenblick offenbart.

Die Schwerter stehen für Vernunft und Verstand. Mond und Wasser bezeichnen die Welten der Seele. Wer nahe am Wasser gebaut hat, verliert den Blick für die Realitäten (s. Augenbinde). Oder er geht bewußt mit Gedanken und Träumen (Luft und Wasser) um und findet zu fruchtbaren Phantasien, zu einem abstrakten Denkvermögen und zu einer inneren Sicht der Dinge, die nicht dem äußeren Anschein, dem Augenschein verhaftet ist.
Deuten Sie Ihre Gedanken und Träume, erinnern und bearbeiten Sie Ihre Erfahrungen. Der bloße Augenschein hilft nicht weiter. Hier zählt ein bewußter Umgang mit dem Unbewußten: Bringen Sie Ihre Phantasie ins Spiel. Sortieren Sie Ihre Erfahrungen und Vorstellungen.

Diese Karte ist oft als „Kummerkarte" mißverstanden worden. Tatsächlich handelt sie davon, daß Geist (Schwerter) und Herz sich berühren und durchdringen. Es kann schmerzhaft sein, wenn dadurch unangenehme Wahrheiten ans Licht kommen. Doch es wirkt sehr heilsam und befreiend, wenn man Sorgen und Sehnsüchte endlich ausdrücken, erklären und bearbeiten kann.

Wenn Sie diese Karte ziehen, können Sie aufhören, sich oder anderen etwas vorzumachen. Sie bedeutet eine besondere Chance, das zu ermitteln, zu benennen und auszudrücken, was Ihnen am Herzen und im Blute liegt. Äußern Sie Ihre Betroffenheit! Halten Sie sich an das Wesentliche: „Geh', wohin dein Herz dich trägt".

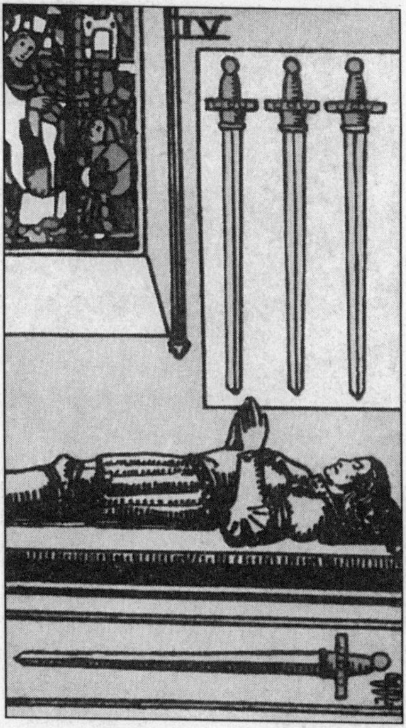

Brauchen Sie zur Zeit Ruhe, Urlaub, oder müssen Sie vielleicht eine Zwangspause einlegen? Wenn ja, dann besagt die Karte, daß der Zweck dieser Ruhe darin besteht, Ihren geistigen Apparat zu aktivieren und neue Entscheidungen vorzubereiten. In vielen Fällen betrifft die Karte keine äußere, sondern die geistige Ruhe. Diese aber ist gleichbedeutend mit persönlicher Zufriedenheit und einem guten Gewissen. Die linke Figur im Fensterbild trägt in ihrem Heiligenschein die Buchstaben PAX, das heißt Frieden. Um diesen beizubehalten oder wiederherzustellen, müssen Sie sich in einer bestimmten Beziehung vielleicht sogar weniger schonen und, statt sich vornehm zurückzuhalten, einen Dornröschenschlaf beenden.

Die drei Bildfiguren zeigen einen Entwicklungsweg (vom Hintergrund zum Vordergrund): Die Zeiten, in denen Sie sich klein und winzig fühlten, sind vorbei. Rückblickend können Sie Schwierigkeiten, Ängste und Schwächen verstehen und klären. Denn jetzt haben Sie die Schwerter ergriffen! Die gleiche Karte als umgekehrter Weg (von vorne nach hinten) bedeutet, daß manche Schwerter Ihnen fehlen. Ihnen ist etwas entfallen. Sie drehen sich um und kehren zum zum Ausgangspunkt zurück, zum Wasser des Lebens. So schützen Sie sich vor Halbwissen, Hohn und Zynismus. Nehmen Sie Ängste, Sorgen, Kränkungen und Schwachpunkte ernst. Vertrauen Sie der Kraft der Wahrheit.

Die Schwerter deuten generell weniger auf Aktionen hin (das wären die STÄBE), sondern auf geistige Vorgänge. Daher betrifft dieses Bild auch weniger einen Umzug oder eine sonstige Ortsveränderung. Vielmehr geht es um eine geistige Bewegung, um die Verbindung unterschiedlicher Ufer oder Horizonte, das heißt, unterschiedlicher Gedanken- und Vorstellungswelten. Verstehen Sie, was andere *im Grunde* mit dem meinen, was sie tun oder sagen. Und machen Sie anderen begreiflich, was Ihnen am Herzen liegt. Setzen Sie Ihre Intelligenz, Ihre ganzen Kombinations- und Vermittlungskünste ein, damit es zwischen Ihren Mitmenschen und Ihnen *fließt* und Sie „im Strom" der Ereignisse einen eigenen Kurs zu steuern wissen.

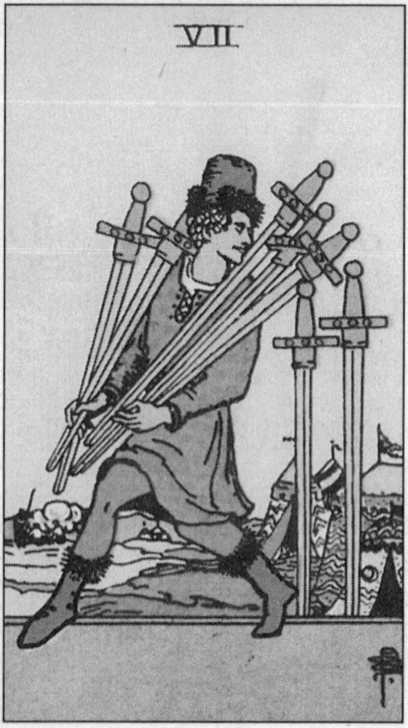

Die merkwürdige Körperhaltung der Bildfigur ist oft als List und Heimlichkeit interpretiert worden. Aber das muß nicht die Bedeutung sein. Die Person geht nach vorne und schaut nach hinten. Entweder wird damit ein Mensch beschrieben, der nicht weiß, was er tut; den die spontanen oder unbewußten Impulse in eine Richtung ziehen, die er nicht kennt oder nicht will. Oder aber es wird damit auf eine sehr sinnvolle Rücksichtnahme hingewiesen: Man muß auch einmal seinen unbewußten Impulsen folgen, ohne vorab zu wissen oder zu sehen, wohin die Reise geht. Den eigenen Weg zu finden und zu gehen, ist die Lösung des Rätsels. Arbeiten Sie mit Ihren Träumen und Visionen. Für Ihre Fragen ist dies entscheidend.

Die Bänder um Augen und Stirn sowie um Arme und Hüften deuten auf eine geistige Verstrickung. Man ist befangen, hat sich verfangen. Wenn Sie erkennen, daß Sie gefesselt sind und daß Ihnen Schwerter zur Verfügung stehen, wird es leicht, unangemessene Abhängigkeiten aufzutrennen. Treten Sie vorsichtig an die Schwerter heran, und schneiden Sie die Fesseln auf.
Auf der anderen Seite sind diese Bänder ein Zeichen wünschenswerter *Verbindlichkeit.* Denken und Handeln sollen miteinander verbunden sein.
Dabei geht es um ein Verhalten, das über den Augenschein und über das Handgreifliche hinausgeht. Halten Sie Einkehr! Begreifen Sie die Fülle Ihrer Geistesgaben.

Die Bildfigur nimmt die Hände vor Augen und Stirn. Ein Erschrecken oder ein Erwachen wird damit gezeigt. Das Bild beinhaltet nicht mehr und nicht weniger, als daß sich ein kompletter neuer geistiger Horizont eröffnet. Die eigene Betroffenheit (s. die Rosen auf der Bettdecke) und alle Facetten des Lebens (s. die astrologischen Zeichen ebendort) können und müssen neu bedacht werden. Gehen Sie in Ihren Gedanken weiter, als Sie es gewohnt waren. Hüten und schützen Sie sich vor Kurzschlüssen. Es gibt viele Wege, um auf das Geschehen zu reagieren. Gewöhnen Sie sich langsam an die neue Lage. Jedes Festhalten an vorhandenen Erfahrungen wäre als Maßstab unzureichend, wenn es vor allem um *Neuland* geht.

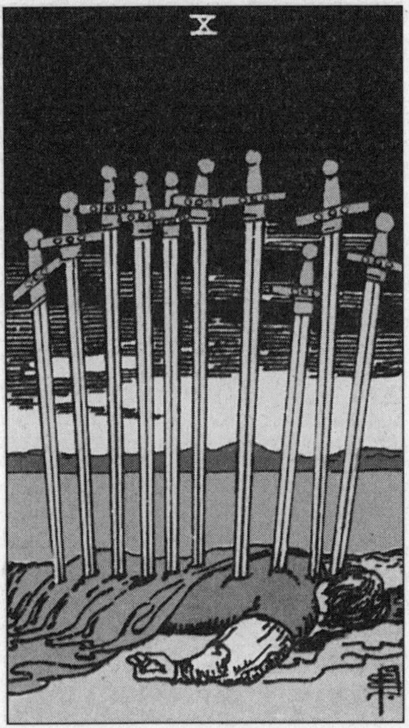

Obwohl es vielleicht den Anschein hat, geht es hier nicht um Tod oder Beendigung (dafür gibt es die Karte XIII-Tod). Wäre nur eine Verletzung oder eine Niederlage gemeint, dann wären dafür die Karten DREI SCHWERTER und FÜNF SCHWERTER vollkommen ausreichend. Hier aber geht es um die Früchte des Geistes. Die Saat geht auf: Die Konsequenzen des eigenen Denkens werden unausweichlich. Untaugliche Gedanken und Vorstellungen können einen menschlich ruinieren. Dann heißt es, das Bewußtsein neu aufzubauen. Im positiven Fall jedoch zeigt sich die Fülle tauglicher, funktionierender Geistesgaben. Aus der eigenen Existenz erwächst ein Bewußtsein, das Ihnen Halt und vollständige Orientierung schenkt.

KÖNIGIN der PENTAKEL

Der Platz dieser Königin ist hoch in den Bergen. Das verraten die Gipfel und der Steinbock (Köpfe am Thron). Die Pentakel stehen für den Zauber im Alltag, aber auch für die Mühen des materiellen Lebens. Der springende Punkt ist hier Ihre Fähigkeit, vorhandene Widersprüche anzunehmen, die *zwei* Seiten der Medaille (Pentakel) zu beachten. Körperliche Instinkte, praktische Bedürfnisse und sinnliche Qualitäten machen ganz wesentlich Ihr Talent aus. Insgesamt ist dies eine Karte der Rückbesinnung auf Ihre „wahren Werte". Konzentrieren und entspannen Sie sich: Alles hat seine Zeit, jedes Ding nimmt seinen eigenen Lauf, den man durch Einmischung und Hektik, aber auch durch Gleichgültigkeit nicht ändern kann.

KÖNIG der PENTAKEL

Was dieser König baut, ist fest wie eine Burg. So sind auch Sie nur schwer zu bewegen, andererseits sehr verläßlich, wenn man Sie als Freund oder Partner gewonnen hat. Es fällt Ihnen mitunter schwer, Verständnis für andersgeartete Charaktere aufzubringen, die sich flinker, aber auch wankelmütiger durchs Leben schlagen. Sie sind eine schöpferische Persönlichkeit, und Ihre Bodenständigkeit verleiht Ihnen Kraft und Ausdauer. Wichtig ist es hier, die richtigen Grenzen zu setzen. Lösen Sie Blockaden und Verhärtungen auf. Betrachten Sie die Weintrauben im Bild (auf dem Gewand des Königs): Sie selber sind wie Wein und Weinberg. Ihre ureigene Natur stellt einen besonderen Genuß, aber auch eine besondere Aufgabe dar.

RITTER der PENTAKEL

Roß und Reiter sind ruhig und stark. Die rote Farbe unterstreicht hier Kraft und Reife (man vergleiche das Märchen vom „Eisenhans“). Das Bild zeigt außerdem den „Acker des Lebens“. Es ist Ihre Aufgabe, zu säen und zu ernten. Hier geht es um die Fähigkeit, Dinge in Ordnung zu bringen und Probleme nicht unter den Tisch zu kehren. Schaffen Sie eine Lebenssituation, in der Sie verwirklichen, was Ihrer eigenen Natur, Ihrem Talent entspricht.
Verzichten Sie auf falsche Bescheidenheit und aufgesetzte Ideale. Kümmern Sie sich um das Notwendige. Die richtigen Notwendigkeiten sind Gold wert.

PAGE der PENTAKEL

Recht vorsichtig oder aber unentschlossen behandelt der Page das Pentakel, das heißt, seine materiellen Möglichkeiten und Fertigkeiten. Es ist die Karte neuer Entdeckungen: Bisherige Arbeit zahlt sich nun aus – oder man erkennt, daß Arbeit ansteht. Es ist jetzt wichtig, daß Sie einen Zugang zu Ihren ureigenen Betroffenheiten und zu Ihren wahren Begabungen finden und behalten. Lassen Sie sich auch von Schwierigkeiten nicht entmutigen. Und vergessen Sie nicht, daß wahre Schönheit und wahre Werte oftmals im Verborgenen leben und dort abgeholt werden wollen. Das Pentakel spiegelt wider, daß Sie selber ein Schatz für sich und Ihre Umgebung sind, wenn sie Ihr Talent schätzen und achten.

Die Hand aus der Wolke macht deutlich: Das Pentakel ist ein Geschenk des Lebens. Damit sind vor allem die Erde, Ihr Körper, Ihre praktischen Fähigkeiten, Ihre finanziellen und materiellen Verhältnisse gemeint. Diese Dinge werden durch das Pentakel symbolisch dargestellt. Dies alles ist ein Geschenk des Lebens, und es liegt nun an Ihnen, Ihre Mitgift selbst in die Hand zu nehmen und zu begreifen. Die Karte verweist auf den Reichtum, der Ihnen zusteht, auf Ihre Erdverbundenheit sowie auf die Blüten und Früchte, die Sie in Ihrem Leben genießen können. Manchmal zeigt das Tor im Bild einen Abschied an, manchmal eine Ankunft. Und dann wieder geht es um beides zur gleichen Zeit: *Losgehen, um anzukommen.*

Die Wellen schlagen hoch. Wie verhält sich die Bildfigur? Tritt sie auf der Stelle? Hält sie Balance? Ein neuer Sachverhalt oder eine unerwartete Wendung wird für Sie wichtig. Wechsel und Wandel gehören jedem Moment des Lebens an. In Ihrer jetzigen Lebensphase aber ist die besondere Chance enthalten, daß Sie Ihren Horizont und Ihre Reichweite erweitern. Sie lernen neue Möglichkeiten, aber auch neue Pflichten kennen. Die Kopfhaltung der Bildfigur verrät, daß es sich dabei um neue Neigungen handelt. Lassen Sie den Kopf nicht hängen! Zunächst ist es wie auf einer Achterbahn – am Anfang wirken die Extreme am stärksten. Mit der Zeit gewöhnen Sie sich an die neuen Lebens-Dimensionen. Genießen Sie den Wandel!

Die Säulen der Erde: Eine Kirche oder ein anderes großes Bauwerk wird bearbeitet. Links ist ein Steinmetz zu sehen, der mit seinem Klöpfel harte Materie zu lebendigen Formen erweckt. Rechts zeigt die Karte zwei Personen, eine geistliche und eine weltliche Gestalt. Hier geht es um Arbeit, Beruf und Berufung. Jeder Mensch besitzt besondere Talente, die ihn auszeichnen. Ein Teil dieser persönlichen Begabungen ist jedoch zunächst verborgen und muß freigelegt werden – wie eine Skulptur, die aus unbehauenem Stein allmählich hervortritt. Akzeptieren Sie die Mühen, die dazu gehören, die verborgenen Talente ans Licht zu holen und einen wirklich bedeutenden Beitrag zu leisten.

„Ich bin etwas ganz Besonderes“, scheint die Bildfigur zu demonstrieren. Sie kehrt der Stadt, den anderen den Rücken zu. So steht die Karte für Angeberei, für eine selbstgewählte Isolation und nicht selten für eine ängstliche Über-Empfindlichkeit. Andererseits symbolisiert sie eine notwendige Abgrenzung, eine sinnvolle Betonung eigener Werte. Tatsächlich ist *jede/r* etwas ganz Besonderes. Wie jeder Mensch, so bringen Sie bestimmte Prägungen mit. *Das* sind Ihre Talente. Die haben nichts mit zirkusreifen Sonderleistungen zu tun. Die richtige Nutzung der eigenen Fertigkeiten *und* Handicaps ist vielmehr das Entscheidende. Sorgen Sie dafür, daß Ihre Talente vielen Menschen nützen.

Eine bekannte Legende läßt sich auf diese Karte beziehen. Sie erzählt vom Blinden und vom Lahmen, die sich gemeinsam auf den Weg machen. Der Blinde stützt den Lahmen, der Lahme führt den Blinden. Indem Sie ihre Nöte teilen, werden sie aus der Hilflosigkeit ihrer Lage erlöst. So steht die Karte dafür, daß man Nöte nicht verdrängt (und nicht rechtfertigt), sondern daß man *die Not wendet* – durch Freundschaft, Zusammenarbeit und dadurch, daß jede/r der Beteiligten mit den jeweils typischen Stärken und Schwächen zum Zuge kommt. Nicht die Flucht aus gegebenen Schwierigkeiten führt zur Freiheit, sondern deren Bearbeitung und Aufhebung. Befreien Sie sich aus Abhängigkeiten und falschen Sachzwängen.

Geben und nehmen bestimmen die Szene. Die Bedeutung hängt davon ab, welche *Bedürfnisse* zum Zuge kommen. Die Waage ist entweder im Lot, weil nichts von Gewicht gegeben oder eingenommen wird. Oder sie ist deshalb im Gleichgewicht, weil *beide Seiten* gleichzeitig profitieren. Lernen Sie, ohne Überheblichkeit zu geben, ohne Unterwürfigkeit zu nehmen und zu bitten. Wenn Sie mit Ihren Talenten Bedürfnisse erfüllen und mit Ihren Bedürfnissen Talente wecken und fördern, entsteht ein Zugewinn. Dieser „Mehrwert" bedeutet, daß mehr wichtige Bedürfnisse befriedigt werden als zuvor. Achten Sie daher darauf, nicht einen Mangel zu verwalten, sondern einen Gewinn zu erzielen.

Der Stein des Weisen: Es gibt bestimmte Lebensrätsel und Sachaufgaben, deren Lösung Sie in dem Moment finden, in dem auch Sie *Ihre* Bedeutung, Ihren persönlichen Sinn, Ihre Lebensaufgabe entziffern. Jede gelöste Aufgabe zeigt Ihnen, daß Sie auf dem richtigen Weg sind, und auch jeder *Fehlschlag* ist wertvoll, wenn er Ihnen klar macht, worin Ihre Aufgabe und Ihre Bedeutung *nicht* bestehen. Bilanzieren Sie Ihre Ergebnisse, damit Sie wissen, was für Sie stimmt. Vergleichen Sie den eigenen Standpunkt (ein Pentakel vor den Füßen) mit anderen Ansichten (sechs Pentakel am Strauch). Aus der Zuspitzung beider Standpunkte erwächst ein eigener Maßstab, der Sie stützt und trägt, je mehr Sie damit arbeiten.

Nur bei dieser Karte bearbeitet die Bildfigur das Pentakel selber. Das eigene Zutun wird dadurch betont. Hier geht es um Ihre Aufgabe, sich einzubringen und die Materie, die Lebenswelt bewußt zu gestalten. Achtsamkeit ist das Gebot der Stunde. Gehen Sie aufmerksam mit dem um, was Sie in Händen halten. Verstehen Sie die Botschaft „zwischen den Zeilen“. Entspannen Sie sich. Lassen Sie sich nicht für unproduktive Zwecke verschleißen. Jeder Mensch hat ein Bedürfnis nach einer gewissen Perfektion und Vollendung. Und jede/r bringt auch die Fähigkeiten dazu mit. Üben Sie! Lassen Sie sich nicht entmutigen oder aufhalten! Seien *Sie* der Meister (die Meisterin) bei der Gestaltung Ihres Lebens.

Eine schöne Person (Frau oder Mann?) mit Blumen und Weinstöcken. Die kleine Schnecke im Vordergrund ist bezeichnend für das ganze Bild: Die Schnecke trägt ihr Haus mit sich, sie ist immer bei sich zu Hause. Aber sie kann auch Mühe haben, aus sich herauszukommen und gewisse Schranken zu überwinden. Ebenso ist auch die große Bildfigur entweder in diesem Garten zu Hause, in dem sich Himmel und Erde berühren (s. den gezähmten Jagdvogel). Oder die Bildfigur verbirgt sich und ihre reichen Talente hinter einer Hecke aus Gewohnheiten. Geben Sie sich nicht mit Halbheiten oder Ersatzstoffen zufrieden. Die Liebe ist unser größtes Problem und das größte Potential, die große Frage und die große Antwort.

Erwachsene, Kind und Greis sind im Bild zu erkennen, Stadt und Natur, kurz, die ganze *Bandbreite* des Lebens. Wie ist es möglich, mit all dem in Einklang zu stehen (s. die Waage auf dem Torbogen)? Wie gelingt der Brückenschlag eines großen und vollendeten Lebens? Ihr größter Reichtum ist die Liebe. Bekanntlich ist sie das einzige, das für Geld nicht zu kaufen ist. Wenn Sie *lieben*, sind Sie nicht käuflich und unbezahlbar. Nicht nur für die engste Zweierbeziehung ist die Liebe die beste Brücke. Sie gibt uns verläßliche Orientierungen im Geflecht der täglichen Beziehungen und Ereignisse. Nehmen Sie sich vieler Menschen und Begebenheiten in Liebe an.

Nachwort

Danksagung

Um 1970 habe ich meine ersten Tarot-Lektionen bei Angeles Arrien gelernt, später auch bei Jim Wanless. In Deutschland kenne ich fast alle bekannten Tarot-Autoren. Ich bin zu ihren Vorträgen und Seminaren gereist. Dabei haben mir Bücher und Seminare von Evelin Bürger, Johannes Fiebig und Mario Montano besonders geholfen. Von Johannes Fiebig habe ich mir mehrere Vortragsmitschriften gemacht, die ich im Rahmen des vorliegenden Buchs freundlicherweise verwenden durfte.

Den Erwähnten gilt mein Respekt und mein tiefer Dank. Außerdem danke ich meiner Sekretärin Beate Neis und meinem Freund und eifrigen Korrektor Peter Schiffsberg.

Neustadt, im Sommer 1999

Robert A. Bergh

Literaturhinweise

Angeles Arrien: Handbuch zum Crowley-Tarot. Neuhausen 1991

Hajo Banzhaf: Das Tarot-Handbuch. München 1986

Evelin Bürger/Johannes Fiebig: Tarot – Wege des Glücks. Die Bildersprache des Waite-Tarot – neu entschlüsselt. Königsförde 1993

– *dieselben:* Tarot für Einsteiger/innen. Königsförde 1994

– *dieselben:* Das Sonne-Mond-Tarot. Deutungs- und Erlebnisbuch. Königsförde 1999

Faye Corello: Tarot – Schule der Emotionalen Intelligenz. Bern – München – Wien 1998

Alfred Douglas: Ursprung und Praxis des Tarot. Köln 1986

Sergius Golowin: Die Welt des Tarot. Geheimnis und Lehre der 78 Karten der Zigeuner. Basel 1981

Hans-Dieter Leuenberger: Schule des Tarot I. Das Rad des Lebens. Freiburg 1981

Mario Montano (Swami Prembodhi): Tarot. Spiegel des Lebens. Sauerlach 1984

– *derselbe:* Poker mit dem Unbewußten. Praxis des Intuitiven Tarot. Freiburg 1990

Rachel Pollack: Tarot. 78 Stufen der Weisheit. München 1985

Billie Potts: Ein neues Tarot der Frauen. München 1982

Arthur E. Waite: Der Bilderschlüssel zum Tarot. Waakirchen 1978